I0083031

UNE FAMILLE

AU XVIᵉ SIÈCLE

Lm³.
1023.

Propriété de l'Editeur.

J. Claye, Imprimeur.
S. Benoît, 7, à Paris.

UNE

FAMILLE

AU XVIᵉ SIÈCLE

DOCUMENT ORIGINAL

PRÉCÉDÉ D'UNE INTRODUCTION

PAR

M. CHARLES DE RIBBE

Et d'une Lettre du R. P. Félix

BIBLIOTHÈQUE IMPÉRIALE IMPR.

DÉPOT LÉGAL Seine 8163 1866

PARIS

JOSEPH ALBANEL, LIBRAIRE

15, rue de Tournon, 15

—

1867

Tous droits réservés

1866

LETTRE DU R. P. FÉLIX

A

M. CHARLES DE RIBBE

Cher Monsieur,

Laissez-moi, au nom de l'OEuvre de Saint-Michel, vous remercier bien cordialement du présent que vous avez voulu lui faire, en lui offrant, pour être livrée à la publicité, votre précieuse découverte : Une Famille au XVIᵉ siècle.

Ce manuscrit, dont votre œil intelligent a saisi tout de suite, sous ses proportions modiques, la valeur exceptionnelle, est, à mon sens, un vrai trésor. C'est une perle précieuse, retrouvée par

1

vous dans notre siècle pour donner une idée de la richesse morale d'un autre siècle; et l'œuvre de Saint-Michel est heureuse de la recevoir de votre main libérale, et de l'enchâsser dans son écrin encore trop dépourvu de tels joyaux.

Certes, à ne l'envisager qu'au point de vue où se place d'ordinaire notre siècle pour juger les hommes et les choses, la Généalogie de la famille du Laurens *serait facilement dédaignée comme une bagatelle ou une non-valeur. Il n'y a ici, en effet, rien de ce que recherche le goût de ce temps trop avide de choses malsaines et de futilités brillantes. Il n'y a dans ce modeste écrit ni révélation de mystères, ni intrigues de passions, ni aventures de roman, ni péripéties de théâtre. Il n'y a même ni éclat de style, ni splendeur de génie; surtout il n'y a nulle trace de prétention artistique et d'ambition littéraire : et pourtant, je n'hésite pas à le redire, ce petit manuscrit est un trésor.*

Qu'y a-t-il donc dans ce manuscrit qui en rehausse à nos yeux la valeur et lui donne le prix que nous y attachons? Il y a l'histoire

naïve, simple, vraie, authentique, d'une famille
chrétienne, telle qu'elle s'est montrée au soleil
d'un siècle évanoui, dans cette beauté morale,
cette prospérité honnête, cette gloire immacu-
lée et cette vitalité féconde que la religion et
le vertu créent partout spontanément sous le
toit qu'elles habitent. Cette peinture d'une
vérité absolue et d'une simplicité charmante,
ce tableau de la vie d'une famille, tracé par
l'affection fraternelle et la piété filiale, sans
l'ombre même d'une pensée de gloire et de publicité, avec la seule ambition de perpétuer
pour la famille elle-même le culte de ses souvenirs et l'héritage de ses vertus, est, pour
notre siècle surtout, d'une valeur inappréciable.
C'est un exemplaire qu'on ne saurait trop
montrer aux regards de ce dix-neuvième siècle, si fasciné par le prestige de l'accessoire,
et si oublieux souvent, et quelquefois même si
dédaigneux des choses nécessaires et fonda-
mentales. Nous désapprenons chaque jour davantage ce que vaut et ce que peut pour la
prospérité de la patrie la famille assise dans

la vérité et gouvernée par la sainteté. Nous
oublions que là, au foyer domestique, Dieu a
caché les sources pures de la vie vraiment so-
ciale; nous oublions que le flot des générations
en sort par un jaillissement perpétuel, pour
aller couvrir de la richesse de leurs vertus ou
du ravage de leurs vices la terre de la patrie;
nous oublions enfin cette vérité si vulgaire,
que la prospérité et la grandeur des nations
n'est que la prospérité et la grandeur des fa-
milles qu'elles renferment dans leur sein : et
nous poursuivons avec une ardeur fébrile tous
les progrès dont le charme nous séduit, ex-
cepté celui qui est la condition, la sauvegarde
et le condiment de tous les autres, le progrès
de la vie domestique.

Que devient en effet aujourd'hui parmi nous
la famille? la famille! la plus belle et la plus
ravissante chose que nos regards rencontrent
sur la terre, alors qu'elle se déploie sous le ciel
de la patrie, dans toute sa beauté, son har-
monie et sa fécondité? Qu'y a-t-il de plus
rare aujourd'hui, parmi nous, dans la famille,

qu'un père, une mère, des enfants, des frères, dignes du nom et de la vocation que leur fit la Providence?

Où est, dans la société contemporaine, le vrai père de famille? le père! cette douce et forte majesté, qui commande par le double ascend.t de l'amour et de l'autorité, et en obéissant elle-même à Dieu, se fait obéir sans même avoir besoin de donner aucun ordre?

Où est, dans la société contemporaine, la vraie mère de famille? la mère! comme le prêtre dans le temple, exerçant son sacerdoce, faisant du foyer comme un sanctuaire où elle entretient de son souffle le feu du perpétuel sacrifice; la mère chrétienne, montrant ce que peut une femme armée de son Christ et de son cœur, pour faire sortir de ses dévouements l'honneur d'une race généreuse et d'une postérité bénie.

Où sont, dans la société contemporaine, les vrais fils de famille, puisant dans l'amour de Dieu le culte deux fois sacré de la paternité et de la maternité, et unissant, dans des âmes pénétrées de l'onction du Christ, ces trois

saintes choses, signes authentiques de l'éducation achevée, et des races bien élevées, l'amour,
le respect et l'obéissance?

Où sont enfin, dans la famille contemporaine, ces véritables frères? frères unis par
un amour où le respect se mêle à la tendresse,
sachant donner et recevoir, par une mutuelle et
franche communication, ces conseils de sagesse,
ces échanges de délicatesse, ces témoignages
de dévouement, et, par-dessus tout, cette pro-
tection affectueuse et désintéressée qui est la
force de tous les frères et la joie de la paternité?

Hélas! la réalité vivante nous force de le
reconnaître, ces types charmants de la vie de
famille vont s'effaçant de plus en plus, et ces
saintes mœurs, vraie puissance et vraie gloire
de la patrie, s'en vont de jour en jour emportées
par les courants de la vie et de la société moderne. Aussi, rien de plus intéressant et surtout de plus salutaire à contempler aujourd'hui
que le spectacle d'une de ces nombreuses familles qui réalisaient autrefois ce pur idéal. La

Famille du Laurens, *ressuscitée en quelque sorte par votre découverte inattendue, fait revivre pour nous cette touchante réalité si généralement disparue du milieu de nous. Au sein de cette famille bénie, quel père, quelle mère, quels enfants, et quels frères! Comme chacun y comprend sa fonction et sait la remplir! Ce tableau, esquissé par la main d'une faible femme, nous montre l'autorité, l'amour, le courage, la tendresse et le dévouement conspirant sous les regards de Dieu, avec une persévérance plus forte que tous les obstacles, à élever une postérité nombreuse, chaste et virile; il nous montre surtout comment, avec tout cela, et comme on disait alors,* en se peinant, *on peut faire à la société et à son siècle le don incomparable d'une génération féconde et sans tache, et comment, même* sans moyens, *selon le mot naïf de ce temps, on laisse après soi, dans les situations les plus honorables, de nombreux héritiers de son nom préparés à l'accomplissement de tous les devoirs par l'héritage de toutes les vertus. Et quand on vient à penser*

que cette famille du Laurens, dont vous venez
de retrouver le vestige rayonnant d'un si doux
éclat, n'était pas une exception, mais que la
plupart des familles chrétiennes étaient encore
formées à cette image, même à une époque où
déja le niveau des mœurs antiques avait baissé
dans les jeunes générations, on peut juger, en
voyant aujourd'hui la situation morale de nos
familles contemporaines, jusqu'à quel point le
chemin que nous avons fait depuis ce temps-là
est dans le sens du vrai progrès et de la vraie
civilisation.

Que font aujourd'hui, pour l'honneur de notre
présent et la gloire de notre avenir, ces foyers
sans christianisme, habités par l'incrédulité,
l'égoïsme et la dépravation? foyers presque
toujours tristement solitaires, où apparaît à
peine un rejeton de la race; rejeton doublement
malheureux, enrichi matériellement et appauvri
moralement par sa solitude elle-même; qui
demain jouira tout seul de l'héritage paternel,
et jettera au vent du plaisir, si ce n'est dans la
boue de l'orgie, la sueur des ancêtres, et peut-

être le dernier reflet de l'honneur de son nom, si tant est qu'il lui reste encore même un nom !

Oh ! qui nous rendra, avec la pureté et la fécondité de la famille, les vraies sources de la grandeur et de la prospérité nationale ? Qui fera revivre assez les exemples de notre passé pour instruire notre présent et féconder notre avenir ? Qui multipliera sous les yeux de cette humanité qui a perdu le sens de ses vraies traditions, ces monographies des familles d'autrefois, si riches à la fois de vérités et de vertus, si pleines tout ensemble de lumière et d'édification ? Familles modèles, où la vertu multipliait la richesse, et au besoin savait en tenir lieu : familles vraiment généreuses, dont le dévouement était la loi souveraine, et où l'on ignorait les égoïstes calculs d'une prudence inhumaine et d'une sagesse antisociale. Alors, personne n'acceptait cette persuasion immorale, que l'observation dévouée de la loi de la famille puisse jamais devenir un désastre pour la famille. Alors, la prévoyance humaine ne se croyait pas en droit de déjouer frauduleusement les des-

seins de la sagesse divine, et l'homme au foyer
ne mettait pas son habileté à triompher de la
Providence de Dieu. En ce temps-là, la vie
humaine multipliée sous le toit domestique, et la
fraternité grandissant sous les regards de la paternité féconde, étaient acceptées comme la plus
grande bénédiction du ciel, et comme la meil-
leure richesse de la terre : la vertu, le dévouement, le courage, pénétrés par le souffle du
Christ aimé et adoré dans la famille, faisaient
ces miracles de fécondité heureuse qui tiennent
aujourd'hui dans la stupéfaction un siècle fa-
çonné par la main de l'égoïsme et des générations déshabituées de la pratique du sacrifice.

L'histoire d'une Famille au xvi⁰ siècle
nous présente, parmi tant d'autres, un exemple
de ces miracles accomplis à force de vertu, d ab-
négation et de dévouement. Je vous félicite,
cher monsieur, d'avoir, en secouant de ce simple mémoire de famille une poussière déjà deux
fois séculaire, fait revivre pour notre siècle
un de ces beaux types emportés par le temps.
Si l'on convie aujourd'hui, souvent avec un

bruyant éclat, les curiosités ardentes à venir
contempler un débris du passé retrouvé par la
science, alors que ce débris n'est qu'un animal,
une plante, une pierre, épave des vieux âges
laissée au milieu de nous par le flot des siècles,
avec quel intérêt bien autrement sympathique
ne devons-nous pas accueillir la résurrection
d'une chose du passé, alors que cette chose est
la vie et la famille humaine elle-même avec ses
vertus, ses sacrifices, sa sainteté et sa fécondité! Quels débris, comme ces débris de la vie
humaine, peuvent et doivent exciter la curiosité
des hommes?

Continuez, cher monsieur, par un travail
aussi opiniâtre que dévoué, à recueillir avec
amour et respect ces reliques ensevelies par le
cataclysme des révolutions qui ont passé à la
surface de l'humanité et remué ses profondeurs
elles-mêmes. Creusez, creusez encore ces couches
de la vie humaine, religieuse et sociale, bien
autrement intéressantes que ces stratifications
terrestres, où la géologie porte aujourd'hui ses
regards curieux : étudiez, étudiez encore ces

archives de notre passé, pour y retrouver non-
seulement les monuments de notre activité industrielle, artistique ou guerrière, nos hauts faits,
nos chefs-d'œuvre, nos inventions; mais, ce qui
est pour nous bien autrement précieux, nos habi-
tudes, nos mœurs, nos vertus, nos sacrifices,
toutes ces saintes et fécondes choses, qui sont
au développement des nations et à l'épanouissement des races ce qu'est la séve au développement des arbres et à l'épanouissement des fleurs.

Puissiez-vous, en faisant souvent des décou-
vertes comme celle que vous venez de faire, mul-
tiplier pour notre présent les exemples de notre
passé, et par là donner à un siècle dont les besoins sont immenses ces leçons dont il ne peut
ni contester la vérité historique ni dénier l'in-
fluence sociale! Puissiez-vous, par la persévérance d'une activité intelligente et d'un labeur
désintéressé, contribuer, pour votre part, à cette
œuvre de réforme sociale qui préoccupe aujour-
d'hui tant d'esprits distingués et tant de cœurs
généreux! Puissent tous ceux qui liront cette
histoire d'une famille au XVIᵉ siècle, si courte

de détails mais si pleine d'enseignements, si peu chargée d'événements mais si embaumée de vertus, en recevoir toute la lumière et en respirer tout le parfum ; et puissent-ils en même temps vous bénir de leur avoir procuré, par la découverte de ce précieux monument, et le charme d'une telle lecture et le profit d'un tel enseignement !

C'est ce que je suis heureux, cher monsieur, de faire ici moi-même, en vous priant d'agréer avec tous mes remercîments, l'expression de mes sentiments les plus distingués.

J. FÉLIX, S. J.

Paris, 23 août 1866.

INTRODUCTION.

Le manuscrit que nous publions sous ce titre : UNE FAMILLE AU XVIe SIÈCLE, est peut-être un des plus précieux témoignages fournis par le passé, sur ce qu'il y a de moins profondément étudié & de moins exactement connu dans l'ancien régime : *les Mœurs domestiques*.

La première fois qu'il frappa notre attention, rien en lui ne laissait deviner sa véritable importance. Quelques feuilles d'un papier grossier & jauni par le temps, un mince cahier perdu au milieu d'une liasse de pièces reliées pêle-mêle par un collectionneur... tout dans la forme était plus que modeste. Le titre même ne disait pas davantage sur la valeur du fond : *Généalogie de Messieurs du Lauren*,

*descrite par moy Jeanne du Laurens, veufve
à M. Gleyse, et couchée nayvement en ces
termes*[1]. Les généalogies peuvent avoir leur
intérêt. Par malheur on en a tant abusé! Et,
hors quelques grandes illustrations nationales,
lorsqu'elles ont pour objet des familles éteintes,
elles doivent être par elles-mêmes si indiffé-
rentes à nos préoccupations & à nos travaux!

Mais le titre exprimait très-mal la valeur
du fond. Ici, à l'inverse de ce qui se produit
habituellement en pareil cas, le fond empor-
tait & effaçait la forme. La généalogie de la
famille du Laurens n'était pas du tout une
œuvre héraldique, encore moins la pompeuse
& vulgaire exaltation de ses titres de gloire.
Elle offrait vraiment son histoire, & plus que
son histoire, le tableau fidèle & complet de
sa vie intime, de son régime intérieur. Un
membre de cette famille du Laurens, une
simple femme qui n'avait certes pas & ne pou-

---

1. Manuscrits de la Bibliothèque publique d'Aix,
n° 843.

vait avoir la moindre ambition littéraire, s'é-
tait trouvée assez habile à tenir la plume, pour
tracer la peinture la plus éloquente & la plus
exacte, la plus naïve & la plus pittoresque,
des beaux exemples dont elle avait été témoin
chez les siens. Dans un style plein d'ingénuité,
sans art, sans prétention, avec les charmes pi-
quants de cette langue du xvie siècle, si bien
parlée & si bien écrite par ses illustres con-
temporains, Henri IV & saint François de
Sales, elle avait réussi à grouper dans un
mémorial domestique d'admirables souvenirs.

Elle avait mieux fait encore, si nous consi-
dérons son œuvre à un point de vue plus
élevé & plus étendu.

Le cœur lui avait dicté pour l'instruction
de ses enfants ce que la vraie, la bonne méthode d'observation conseille aujourd'hui, avec
tant de raison, pour le progrès des sciences
morales. Elle avait esquissé non-seulement un
curieux tableau de mœurs, mais presque un
spécimen de monographie de famille. Cette
famille était la sienne, nul ne pouvait mieux

la connaître & la décrire. Elle avait compris qu'il n'y a pas au monde de preuve plus saisissante de la toute-puissance du bien que le spectacle d'une famille formée, élevée, établie, unie par la loi du devoir ; création merveilleuse où la main de Dieu est visible, où se traduisent en faits tous les grands principes, & tous les grands sentiments de foi, de vertu, d'honneur, de sacrifice, dont les sociétés vivent alors même qu'elles paraissent les oublier & les renier.

Regrettons que beaucoup de femmes, dans le passé, n'aient pas eu la même inspiration & ne nous aient pas transmis plusieurs documents de la même valeur. Elles, les reines du ménage, la providence du foyer, que n'auraient-elles pu & dû nous dire sur la vie, les mœurs, l'ordre de la famille, & sur les vertus qui, dans les siècles de foi, formèrent de vrais citoyens avec de parfaits chrétiens ! L'œuvre de Jeanne du Laurens a pour nous d'autant plus de prix qu'elle est plus rare. Elle n'est que trop courte, &, après l'avoir lue, on voudrait bien que la bonne dame elle-même nous

en eût dit plus long. Elle n'a pas toujours le
don d'une correction, ni celui d'une clarté
irréprochables; en parlant de ses huit frères,
elle embrouille quelquefois l'écheveau de fil
qu'elle semble dévider sous nos yeux. Et ce-
pendant elle a le talent de faire pénétrer en nous
une vive clarté morale, tant encore une fois le
cœur est un grand maître pour émouvoir.

Les du Laurens ont eu en Provence, à la
fin du xvie siècle & au commencement du
xviie, une éclatante notoriété qui s'est tout
d'un coup produite au dehors & les a portés
à de hautes situations. Cette famille composée
de dix enfants fournit à l'Église deux archevêques, un provincial de l'ordre des Francis-
cains; à la Magistrature, un avocat général
éminent au Parlement de Provence; au Barreau
de Paris, un avocat distingué; à l'Université,
sept docteurs, parmi lesquels trois en médecine. Un de ces derniers, André du Laurens,
professeur à la Faculté de Montpellier, devint
un personnage à la cour de Henri IV, dont il
fut le premier médecin.

Ils venaient de Savoie & ils étaient très-
pauvres. Un fils de famille, riche seulement
d'intelligence & de sagesse, avait été conduit
à se fixer sur les rives du Rhône, d'abord à
Tarascon, puis dans l'antique cité d'Arles. Il
s'était adonné à la pratique de la médecine &
avait mérité d'épouser la sœur d'un médecin
du roi Charles IX. Tels furent les premiers
débuts de sa fortune; mais il faut voir au
prix de quels efforts il sut justifier l'opinion
qu'on avait conçue de ses talents & de ses vertus, par quelle vie de travail il triompha de
la misère, en élevant à son image un si grand
nombre d'enfants dignes de lui.

Il faut pénétrer dans l'intérieur de ce ménage vraiment modèle. Bodin, en sa *République*, définit *le ménage* « un droit gouvernement de plusieurs sujets sous l'obéissance
d'un chef de famille [1]. » Ailleurs, il montre
comment la famille bien conduite est la vraie

1. Livre I, chap. II, *Du Ménage & la Différence
entre la République & la famille.*

image de la République, & il ajoute : « Tout ainsi que, les membres chacun en leur particulier faisant leur devoir, tout le corps se porte bien, aussi les familles étant bien gouvernées la République ira bien. » On disait de même alors que le premier devoir des parents est « d'*instituer* les enfants en tout honneur & vertu ; » & Charron écrivait que, « pour peupler & garnir le public de gens de bien & bons citoyens, est nécessaire *la culture et bonne nourriture de la jeunesse* [1]. »

La famille du Laurens semble réaliser la plénitude de cet ordre des ménages, dont les publicistes du xvie siècle ont pu tracer l'idéal [2], mais qui n'est jamais devenu chose pratique que par le Christianisme. C'est la famille chrétienne dans sa vérité, sa fécondité & son harmonie ; ce sont l'autorité religieusement exercée par le père, le gouvernement domestique

1. *De la Sagesse,* liv. III, chap. xiv.

2. Encore au xviie siècle on trouve, dans une Déclaration royale de 1639, la famille appelée au nom des mêmes principes *le séminaire des Estats.*

de la mère, le respect, la piété filiale, l'amour
& le dévouement des enfants.

Parents & enfants ont été des saints, comme
il en faudrait beaucoup dans le monde. Leurs
vertus sont de celles dont saint François de
Sales disait, vers le même temps, qu'on y va
« *rondement, naïfvement, à la vieille fran-
çoise, avec liberté et à la bonne foy* [1]. » Vertus à la fois chrétiennes & sociales! Elles
créent les âmes bien nées, les vaillants carac-
tères. « *Tout enfant qui se fie au bien de
son père ne mérite pas de vivre*, » s'écrie un
des fils du Laurens. Voilà une déclaration de
principe que de telles éducations peuvent seules
faire concevoir comme possible dans la bouche
d'un enfant.

Enfin, quel juste orgueil éprouve la narratrice de cette simple histoire à dire & à répé-
ter qu'elle est fière d'être sortie d'une telle

---

1. Lettre à Mme de Chantal du 1er novembre
1605. — *OEuvres complètes de saint François de
Salès*, t. X, p. 115. (Nouvelle édition de L. Vivès.)

race ! Nous avons trouvé dans de nombreux documents de famille l'expression des mêmes sentiments. Peut-être nous sera-t-il permis quelque jour de les publier. « *Mon père ne m'a jamais donné que de bons exemples,* écrit un fils, *je serais l'homme le plus indigne qu'il y eût sur la terre si j'étais capable de déshonorer sa mémoire. Mais, si je n'ai pas hérité de ses talents, j'espère avec l'aide du Seigneur succéder à ses sentiments, à sa droiture, à son bon cœur. Il m'a laissé en mourant un plus bel exemple encore de religion et de soumission aux volontés de Dieu. Je prie Dieu avec ardeur de me donner les secours nécessaires pour imiter mon bon père en sa vie et en sa mort.* »

De telles familles étaient encore nombreuses au XVIIe siècle. Elles formaient la classe des gentilshommes ruraux vivant dans leurs terres loin des corruptions de Paris & de Versailles, celle des bourgeois de nos villes, heureusement fidèles à la grande loi du travail, consacrant leur patriotisme à bien élever leurs enfants & à bien gouverner les intérêts municipaux dont les

derniers débris des libertés locales leur aban-
donnaient le soin & la responsabilité. Les arti-
sans, les paysans avaient ces exemples sous les
yeux, ils les imitaient sans peine en gardant plus
spécialement le dépôt des vieilles coutumes.

La dépravation morale du XVIIIᵉ siècle fut
sans remède, le jour où elle envahit ces couches
profondes. La corruption a toujours été le fléau
des Cours, & dans tous les temps elle fut le
grand péril de la richesse [1]. Mais elle ne peut
dissoudre impunément les bases mêmes d'une
société ; &, lorsqu'on s'est livré à une étude
un peu attentive de ce travail de dissolution,
lorsqu'on l'a suivi s'exerçant dans la famille,
dans la commune, au sein de la corporation
ouvrière, à tous les degrés & sur tous les éléments sociaux, on ne s'explique que trop la
Révolution française, on voit trop bien comment, malgré un merveilleux essor, intellec-

---

1. « *Je plaide la cause des riches, en prêchant le
travail,* » a dit l'illustre évêque d'Orléans. — *De la
haute Éducation intellectuelle*, t. III, p. 521.

tuel & de généreux efforts de rénovation poli-
tique, l'ancien régime mis en poussière devait
finir par un fatal & universel effondrement.

Il serait hors de propos d'examiner où en
sont nos mœurs, au lendemain de si terribles
leçons. Un grand orateur chrétien, dans la
chaire de Notre-Dame [1], & un publiciste éminent, dans un livre aujourd'hui célèbre [2], ont
réveillé naguère les consciences, soit par des
adjurations éloquentes, soit par des observa-
tions de nature à faire réfléchir.

On vante beaucoup de notre temps la statistique, on l'enseigne comme une science
révélant les secrets de la puissance & de la
prospérité des États. Une statistique vraiment
probante serait celle qui montrerait dans chaque

1. Conférences sur la famille par le R. P. Félix,
prêchées en 1860.

2. La *Réforme sociale en France*, *déduite de l'observation comparée des Peuples Européens*, par M. Le
Play, commissaire général aux Expositions univer-
selles de 1855, 1862 & 1867, 2 vol. in-12, seconde
édition, chez Dentu.

2

province, dans chaque ville, dans la plus petite commune, les causes actives & permanentes de l'instabilité sociale dont nos agitations révolutionnaires sont l'explosion incessante; qui constaterait le nombre & l'importance des familles que le désordre des mœurs a fait disparaître dans un siècle & même dans un demi-siècle. L'inventaire serait douloureusement significatif. Des familles ont mérité d'être sauvées du naufrage. A quoi le doivent-elles, sinon à de fermes croyances, à un religieux esprit de travail? Des familles nouvelles se créent de nos jours, on pourrait dire qu'elles s'improvisent sous l'action d'une prospérité industrielle & commerciale inconnue de nos pères. Dans la violence du courant qui emporte le monde, on pense avec inquiétude à leur lendemain, on ose à peine croire qu'il puisse rien se constituer de solide & de durable. Ce que les pères ont amassé avec une activité fébrile, les enfants ne le dissiperont-ils pas follement dans l'oisiveté & quelquefois dans la honte?

Ne désespérons pas de voir la société mo-

derne, lasse de tant de stériles agitations, revenir, par l'évidence & la puissance même
des faits, à l'intelligence & à la pratique des
vrais principes. Certains côtés de la nature
humaine se modifient dans le cours des siècles;
il est des institutions qui vieillissent, des formes
sociales qui périssent lorsqu'elles sont usées.
Mais le fondement des mœurs, la famille, ses
conditions & ses éléments d'ordre, de solida-
rité, de stabilité, de perpétuité, tout cela ne
peut changer, tout cela est indestructible. Hors
de ce fondement, qu'est devenu l'ancien régime? Sans lui, que deviendraient même dans
l'ordre matériel nos conquêtes & nos progrès?

Trop de bons esprits, trop de cœurs hon-
nêtes, endoloris & souffrants, seraient disposés,
en sondant la profondeur du mal, à le juger
incurable. Il n'y a pas de mal moral incurable
quand on est chrétien, comme il n'y a plus
depuis le Christianisme de société fatalement
vouée à la décadence. Pense-t-on que les
siècles de foi n'aient pas été des siècles de
lutte, & notre grande, notre incomparable

société française serait-elle tombée si bas au
XVIII° siècle, si elle n'avait été livrée à une
impulsion désastreuse, sans frein, sans efforts
de la part des gens de bien ?

Ce sont là les meilleures leçons que puisse
donner l'histoire, & telles sont aussi, c'est
très-remarquable, la conclusion & la moralité,
de la touchante & instructive histoire qui
nous fournit l'occasion de ce préambule.

La narratrice émue au terme de son récit,
célébrant une dernière fois les vertus & les
gloires de sa famille, mêle une ombre au tableau charmant qu'elle vient de nous dérouler.
Elle écrivait en 1631. Déjà, on se plaignait
autour d'elle d'une nouvelle invasion de la
corruption, que les épreuves causées par de
longues guerres civiles & religieuses avaient
un moment refoulée. Ce n'était plus le règne
de Henri IV, ce n'était plus cette ère d'apai-
sement succédant à de cruels déchirements,
qui avait marqué les débuts du XVII° siècle,
qui avait produit une si belle floraison d'esprit
chrétien & de sainteté.

Déjà, malgré le réveil du bien, malgré la restauration ou la réformation de tant d'ordres religieux, de nouveaux dangers semblaient naître de la sécurité dont on jouissait.

Déjà, en 1631, des esprits découragés croyaient pouvoir excuser leur mollesse, en répétant que les temps étaient mauvais & qu'ils étaient bien meilleurs autrefois.

Et Jeanne du Laurens répondait avec un grand sens, ce qu'il a été toujours vrai de dire, ce qu'il est opportun & nécessaire plus que jamais de penser & de croire : « *Tous les temps sont bons pour pratiquer le bien et travailler à se réformer.* »

CHARLES DE RIBBE.

Aix, août 1866.

2.

UNE FAMILLE

AU XVIᵉ SIÈCLE

L'origine & commencement de feu mon père, M. Louys du Laurens, sont tels : il estoit de Savoye, d'un village nommé Pignet, près de Chambéry; ses parens n'avoient que ce fils & une fille, & se tenoient à Turin où ils l'envoyoient au collége pour apprendre.

En ce mesme temps, un seigneur voulut aller estudier à l'Université

de Paris. Mon père en ayant eu
quelque vent l'alla trouver, s'offrit
à luy pour l'y accompagner en qualité de précepteur & luy rendre
toute sorte de services, le tout au
desçu de ses parens. Il fut receu
courtoisement par le dit seigneur
& fit le voyage avec luy, s'acquittant
très-dignement de sa charge, au
contentement de celuy qu'il avoit
si bien eslevé & à son honneur; ce
qui jeta les premiers fondemens de
sa fortune & de son advancement.
Car ce seigneur là, pour ne se montrer ingrat, voyant que mon père
avoit une vocation honorable aux
bonnes lettres, & se retirant en son
pays, luy donna une somme d'argent pour s'entretenir & suivre son
dessein : au moyen de quoy, mon

père estudia en la Faculté de médecine avec Honoré de Castellan,
avec lequel aussi il fut gradué à
Paris. Ses père & mère décédèrent
durant son séjour.

Peu de temps après, le dit sieur
de Castellan s'en vint à Avignon
où habitoient ses parens natifs de
Riez, en Provence, à cause des
guerres qui estoient en leur pays,
& y mena mon père, ayant esprouvé
la fidélité de son amitié. C'estoit
du temps de l'empereur Charles
Quint & du roy François Ier.

Le père d'Honoré de Castellan,
homme noble & de moyens[1] & ne
manquant point d'amis, voyant la
capacité de son fils, luy procura

1. C'est-à-dire riche.

une chaire en médecine à Montpellier où celuy-cy lut publique-
ment & glorieusement. Et, pour
mon père, il le fit loger à Tarascon
où premièrement Louys du Laurens fut médecin.

La renommée du sieur de Castellan s'espandit de jour en jour
par le Languedoc ; & il estoit en
grande réputation, de sorte que
pour l'arrester dans le pays on le
maria avec une fort honorable damoyselle, sœur de M. de Caley-
couses, laquelle il mena à Montpellier. Il s'acquitta si bien de sa
charge que le bruit de sa suffisance
vint jusqu'aux oreilles du roy Charles neufvième qui le voulut avoir à
son service. Mais, avant son départ,
il visita ses père & mère à Avignon,

y laissant sa femme pour quelque temps : ce que sçachant mon père s'y achemina dès aussitôt, pour le voir & prendre congé de luy, en renouvelant leurs amitiés.

Honoré de Castellan le vit de fort bon œil & lui dit familièrement : « *Avant mon départ, je veux vous marier avec une mienne sœur qui est veufve.* » Mon père estoit là avec humilité, luy disant qu'il ne méritoit pas tant de faveur. Le dit sieur l'assura qu'il parloit à bon escient & du consentement de ses père & mère, voire de sa sœur; tellement que le mariage s'accomplit en février 1553 ; en quoy Honoré de Castellan montra par effet combien il affectionoit mon père, disant à sa sœur en par-

ticulier à la louange de son ami :
« *Ma sœur, je vous donne un homme
qui n'a pas de moyens[1], mais c'est
l'un des plus vertueux & habiles de
sa vacation[2], au reste homme qui a
la crainte de Dieu devant les yeux.* »
De quoy, elle demeura fort contente, passant avec son mari heureusement le cours de ce monde,
non sans la grâce & bénédiction
du Ciel. Elle s'appeloit Louyse de
Castellan. Voilà le commencement
de la fortune de mon père.

Or, le sieur de Castellan estant
allé en Cour où peu de temps après
il fut premier médecin du Roy, mon
père retourna à Tarascon, où il
exerça sa vacation en fort homme

1. C'est-à-dire sans fortune.
2. *Vacation* signifiait alors *profession*.

de bien, & ma mère eut cinq enfans en cette ville.

Le premier fut *Honoré* qui porta
le nom du dit sieur nostre oncle &
fut advocat du Roy à Aix, succédant
à son beau-père M. d'Ulme, & du
depuis archevesque d'Ambru... Il
naquit l'an 1554, le 7 mars, fut
baptisé en l'église Sainte - Marthe
au dit Tarascon, madame l'abbesse
estant sa marraine.

Leur mariage fut fait, comme
j'ay dit, l'an 1553, avec fort peu de
moyens, hormis le douaire de ma
mère qui ne fut que de 600 florins,
& quelque peu d'argent que mon
père avoit gagné auparavant, dont
il achepta une petite maison au dit
Tarascon. Ma mère se voyant si
pauvre & déjà en charge (de fa-

mille) eust perdu presque déjà courage, n'eust esté la fiance qu'elle avoit en Dieu jointe à la probité & au soin de son mari qui la consoloit ordinairement.

Je luy ai ouy faire un plaisant conte que je coucherai icy en peu de mots. Mon père passant un jour par la place & voyant de la terraille en achepta trois pièces, ce dont ma mère se réjouit pensant qu'il n'estoit si pauvre qu'elle s'estoit imaginée. Mais cette joye fut de peu de durée, quand mon père lui dit qu'elle les envoyât quérir par la servante chez une sienne commère revenderesse où il les avoit laissées, & payât le prix d'icelles. Ce qui fit prendre résolution à ma mère de s'évertuer d'ores en avant,

comme son mari, à relever leur
pauvreté & tascher de passer honestement le reste de leurs jours en
élevant la famille qu'il plairoit à
Dieu leur donner ; ce que par ad-
venture elle n'eust fait, si elle eust
eu davantage de comodité, car les
richesses le plus souvent rendent
les gens orgueilleux ou fainéans.
Elle continua ainsi jusqu'à ce que
mon père mourut, l'an 63e de son
âge, & elle tascha de faire encore
mieux après son trespas.

Et pour revenir à nostre propos,
en l'année 1555, & le 21 septembre, ma mère eut un autre fils
au dit Tarascon, qui fut nommé
Charles-Baptiste & baptisé à Sainte
Marthe. Son parrain fut noble
Charles de La Motte, & sa mar=

raine ma grand'mère maternelle.
Celuy - ci mourut assez jeune &
premier médecin d'Arles.

L'an 1557, ma mère s'accoucha
d'un autre fils, & le 27 may fut
baptisé au dit lieu & nommé Julien.
Son parrain fut un docteur d'Avignon nommé Julien Collin & la
marraine damoyselle Dupré de Tarascon. Celuy-ci fut premier théologal d'Arles & perpétuel homme
de sainte vie, qui s'exposa fort librement pour assister les malades
de la contagion.

L'an 1558 & le 9 décembre, naquit mon frère *André* au mesme
lieu & fut baptisé en mesme église.
Son parrain fut M. André Mony-
roux d'Avignon, homme qualifié, la
marraine Mlle de Terne. Celuy-cy

fut chancelier de l'Université de Montpellier, puis successivement premier médecin du Roy Henry IV & couché au nombre des hommes illustres.

L'an 1660, naquit encore à Tarascon mon frère *Antoine* baptisé en ladite église. Son parrain fut M. Antoine du Rey, sa marraine D^lle Florimonde de Cauvin. Celuy-cy est encore vivant, grand personage & advocat au privé Conseil, habitant Paris & bien marié avec une honeste damoyselle fille de feu M. de Robert de Paris, grand personage.

Voilà les cinq enfans qui naquirent à mon père durant son séjour à Tarascon. Les autres six (car il en eut onze en tout) entre lesquels

je suis, naquirent à Arles, où il se
retira du depuis, y ayant esté appellé. Car, comme il estoit un des
braves médecins de son temps &
qu'on l'appelloit de toutes les villes
circonvoisines, il se comportoit en
telle sorte que ceux qu'il avoit trai-
tés une fois désiroient l'avoir encore à leur besoin, surtout à Arles :
ce qui l'occasionna d'y prendre sa
retraite & d'y terminer ses jours à
l'âge de 63 ans.

Or, il avoit une belle méthode
en luy & grand soin de ses malades
qu'il assistoit ordinairement, quand
ils prenoient médecine, se levant
tous-jours de grand matin pour cet
effet. Et estant enquis pourquoy il
prenoit cette peine, il respondit que
c'estoit pour voir en quel estat es-

toit le malade & l'interroger comme
il s'estoit trouvé la nuit précédente,
de peur qu'estant arrivé quelque
accident, il ne prist la médecine
mal à propos; disant souventes fois
qu'en toute occasion il se faut peiner, si on desire de s'en bien acquitter, là où il s'agit maintes fois
de la vie de l'homme.

Voyant donc que ses enfans
croissoient en âge, qu'il falloit leur
faire aprendre la vertu & les pous-
ser aux bonnes lettres, il prit de là
sujet & résolution d'habiter à Arles
où il sçavoit y avoir un bon collége; & il y mena toute sa famille.

Au commencement il lisoit [1] aux

_____

1. *Lire* était synonyme d'*enseigner.* On sait
que les professeurs au Collége de France furent
d'abord qualifiés de *lecteurs royaux.*

chirurgiens le matin, & l'après
disné aux appoticaires, pour les
rendre capables en leurs vacations
au profit du public, obligeant par
ce moyen tout le monde, surtout
ceux qu'il enseignoit, se rendant si
familier que bien souvent, quand
il n'estoit pas occupé en sa charge,
il alloit avec eux herboriser à la
montagne de Gordes ou autres lieux
voisins. Cette familiarité & obliga-
tion qu'il acquéroit sur eux estoit
cause qu'il avoit autant & voires
plus de pratique qu'il n'en pouvoit
faire ou désirer. Et, ce qui est le
plus remarquable, il ne prenoit
point d'argent des pauvres ; tant
s'en faut, il leur en fournissoit s'ils
en avoient besoin. Autant en fai-
soit-il des prestres, des escoliers &

autres gens de lettres. Aussi estoit-
il tant aymé que rien plus, & la
grande pratique qu'il avoit augmen-
toit de jour en jour sa capacité &
réputation.

L'an 1561 & le 9 novembre, naquit en Arles mon frère François.
Il fut baptisé en l'église Saint-Trophime. Son parrain fut M. François
de ...[1], docteur en médecine, &
sa marraine Mme de Bastony. Le dit
François mourut à l'âge de cinq ans.

Je *Jeanne du Laurens* naquis en
Arles, l'an 1563, le 1er jour de may,
& fus baptisée en l'église Saint-
Martin. Mon parrain fut un chanoine de l'église Saint-Trophime,
nommé M. Vincens; ma marraine;

_____

1. Mot indéchiffrable.

3.

Mme de Montdragon, lors gouvernante d'Arles. Car dans ce temps-là
l'on faisoit des gouverneurs estran-
gers, mais à présent n'y en a point
d'autres que Messieurs les Consuls.

Le 1er août 1564, naquit mon frère
Richard, fut baptisé en l'église Saint-
Martin. Son parrain fut M. Richard
de Sabatier, pour lors consul ; sa
marraine, Mlle de Crest, dame de
Saint-Just. Celuy-cy fut docte médecin, ayant pratiqué à Lion, &
mourut en Arles l'an 1629 : il a esté
enterré aux Capucins en la chapelle
Saint-Félix qu'il avoit fait bastir
peu avant son trespas.

L'an 1565, naquit mon frère *Jean*,
fut baptisé en la dite église. Son
parrain fut noble Jean de Romieu,
consul, sa marraine la femme de

M. le docteur Fauchier. Celuy-cy
fut capucin trente-six ans & par
trois fois provincial de son Ordre,
en laquelle charge il mourut aux
Martigues en réputation de saint
homme.

Le 14 septembre 1567, naquit mon
frère *Gaspard,* baptisé en l'église
Saint-Martin. Son parrain fut noble
Gaspard de Beaumartin; sa marraine la femme de M. de Robiac.
Celuy - cy est mort archevèsque
d'Arles.

Le 7 janvier 1568, est née ma
sœur *Honorade,* baptisée en la dite
église. Son parrain fut M. Antoine
...¹; sa marraine Dᴵˡᵉ de Castellan,
sœur de ma mère. Celle-cy est

1. Le nom propre est omis dans le manuscrit.

morte, jugesse de Tarascon, fort honeste femme.

Jusques icy est la naissance de tous mes frères & sœurs. Mon père & ma mère ont pris une grande peine & un soin particulier à nous faire bien nourrir [1] & endoctriner, autant que père & mère ont jamais fait.

L'an 1565, le roy Charles neuf estant venu à Arles, M. de Castellan mon oncle, son médecin, y vint aussi & logea chez mon père où il fut fort bien receu. Dès aussitost, il fit préparer mes frères pour réciter des vers au Roy, s'entend de ceux qui en estoient capables ; puis, les

---

1. Cette expression, qui n'avait pas alors un sens purement matériel, caractérisait toute l'économie de l'éducation.

présentant au Roy, il luy dit : « *Sire,*
vous aurez icy un jour de braves
serviteurs. » Alors le Roy répondit :
« *Je les recognoistray.* » C'est chose
que j'ay souvent ouy dire à ma
mère : « *Faites vos enfans vertueux*
& ne vous peinez d'autre chose, je
les pourvoyray tous, Dieu aydant. »

En suite de quoy, M. de Castellan mena mon frère Honoré son fil-
leul à Paris, pour le faire estudier
en l'Université, où estant arrivé le
dit sieur ne vescut guères après ; &,
pour ne laisser mon frère en car-
rière, il ordonna par son testament
qu'il seroit entretenu aux estudes
& qu'il passeroit docteur à ses despens[1]. Les nouvelles de sa mort

1. On trouve, aux XVᵉ & XVIᵉ siècles, beaucoup

estant venues en Arles, comme on lisoit la lettre, ma mère tomba pamée de douleur, se voyant privée d'un si sage frère & si bon en son endroit, qui luy avoit promis de faire beaucoup pour ses enfans & l'eust monstré par ses effets, si Dieu lui eust presté plus longue vie.

Il me souvient que ma mère estoit si affligée d'une si grande perte qu'elle ne pouvoit se résoudre, ains vouloit mourir, & que feu mon père la voyant ainsi déplorée la souleva & consola en luy disant :

« *Ma femme, relevez vous. Tout ce*

de dispositions testamentaires des chefs de famille qui font même une loi à leurs enfants de passer docteurs, pour se rendre aptes à entrer dans la magistrature ou l'université, & leur laissent à cet effet une somme d'argent avec affectation spéciale.

qui nous arrive est par la providence de Dieu, il faut se conformer à
sa sainte volonté & ne faut avoir
espoir qu'en luy & non point aux
hommes. Vous ne sçavez pas que peut-
estre, si vostre frère eust vécu, nos enfans eussent esté des fainéans, se fiant
en son aide & faveur, & que se voyant
pauvres & dénués d'un tel parent ils
se donneront à la vertu[1]. » Et il ré-
pétoit ces mots : « *Il ne faut point
avoir espoir aux hommes, tout en*

---

1. Pierre Charron avait écrit de même dans
son traité *De la Sagesse*, publié en 1601 : « En
l'adversité se voyant tombé & abandonné de
tous, & que toute espérance est réduite à soy-
mesme, l'on prend courage, l'on se relève, se
ramasse, l'on s'esvertue de toute sa force. En
la prospérité, se voyant assisté de tous qui rient
& applaudissent, l'on se relasche, l'on se rend
nonchalant, l'on se fie à tous, sans apprehension
de mal & de difficulté. » Liv. II, chap. VII.

Dieu. Estant chrestienne comme vous estes, ne vous faschez de rien, ne mettez point vostre espoir aux hommes, tout en Dieu qui est le père de nous tous & nous mandera tout ce qui nous est nécessaire. Point d'espoir aux hommes, il faut prier Dieu pour son âme & il nous faira plus de bien en l'autre monde qu'en celuy-cy. »

Et il tourna répliquer à tous ses enfans : « *Point d'espoir aux hommes, tout en Dieu ; le servir, l'aimer, l'honorer de tout vostre cœur, de tout vostre pouvoir. Employez bien le temps, & Dieu nous mandera plus que nous méritons. Je suis venu de peu & ai une tant belle famille, & avons tout ce qui nous est nécessaire. Soyons dévots, vivons vertueusement, ayons en suite de ce confiance en Dieu.* »

Ayant fait ces belles remonstran-
ces de grande affection, il nous fit
instruire de tout son pouvoir, ne
nous espargnant rien de tout. Il entretenoit le précepteur de ses enfans comme ses propres parens,
festinoit souvent les régens du collége pour leur donner occasion de
se peiner pour iceux enfans & par
ce moyen les rendre tous vertueux.
Quant à sa vacation, comme j'ay
dit cy-dessus, il avoit tant de pratique qu'il en pouvoit faire, Dieu y
pourvoyant, pour survenir[1] à sa
famille; &, afin de s'en mieux acquitter en une telle presse, il fallut
qu'il tint une petite mule; car, à
pied, il n'y eust pu vaquer.

1. C'est-à-dire subvenir.

Il avoit un pauvre parent en Savoye, nommé Conchet, qu'il manda
quérir pour la gouverner, disant
qu'il falloit toujours avoir soin de
ses parens & leur faire tout ce qui
estoit en nostre pouvoir. Ainsi Conchet gouvernoit ladite mule & puis
alloit à la chambre[1] estudier avec
mes frères. Ma mère, afin qu'il
eust plus de loisir d'estudier, faisoit tout plein d'œuvres serviles.
Ledit Conchet fit en telle façon
qu'il devint précepteur de mes
jeunes frères & s'addona de tout
son cœur à l'estude. Il exerça toutes
les classes en Arles, où il gagna
une bonne somme d'argent, & puis
alla à Paris estudier en médecine

1. De travail, ou salle d'étude.

avec mon frère Charles. Or, pour
n'avoir de moyens de reste ny autres rentes que son espargne, il
vivoit assez pauvrement, & voyant
la cherté du vin qui se vendoit
douze sols le pot, il se contentoit
de boire de l'eau. Mon dit frère
voulut en faire de mesme, mais il
luy en prit mal, car il se gasta l'estomac & ne vescut que jusqu'à l'âge
de 33 ans. D'abondant, estant encore à Paris, il eut un grand effroy,
à cause du massacre de Saint-Bar-
thelemi, qui arriva l'an 1572 & dont
il nous manda par escrit les particu-
larités; & cela m'en fait ressouvenir. Or, combien qu'il vescût ainsy
chichantement, il ne laissoit pas
pourtant de bien employer son
temps, ce qui le fit regretter davan-

tage par mes père & mère sçachant par après qu'il avoit si peu despendu au préjudice de sa santé. Car il disoit que *les père & mère doivent ces deux choses à leurs enfans, les bien endoctriner & nourrir honestement, qu'avec cela, s'ils leur pouvoient laisser quelque chose, à la bonne heure; sinon qu'avec une bonne instruction & nourriture, pour peu qu'ils ayent, ils ont assez.*

Pour mon frère Honoré, il estoit aussi à Paris au despens de l'héritage de feu M. de Castellan nostre oncle, comme j'ay déjà dit. Mais, jusqu'alors, il n'avoit guère bien employé son temps, estudiant en médecine mais à contre cœur. Ce que voyant, mon frère Charles, quoyque plus jeune, prit la hardiesse de luy dire :

« *Mon frère, pardonnez-moy, s'il*
vous plait, ce que je veux vous dire.
Vous estes mon aisné & vous estes plus
ignorant que moy en la Faculté que
nous estudions. Si vous sçaviez la
charge qu'a nostre maison, vous em-
ployeriez mieux le temps que vous ne
faites, en vous addonant à la vertu.
Nous sommes dix enfans, nos parens
n'ont pas de grands moyens; si nous
ne nous évertuons, nous serons misé-
rables [1]. »

1. La vie de saint François de Sales, par son
neveu Charles-Auguste de Sales, nous offre un
discours semblable tenu par le seigneur de Sales
à son fils : « *François, puisque vous estes l'aisné*
de vos frères, qui sont en grand nombre, vous de-
vez aussi estre un jour leur appuy. Et partant, il
faut que vous jettiez vostre prétention à des char-
ges que la cognoissance des bonnes lettres ne refuse
jamais à vos semblables. Vous sçavez que vos an-
cestres ont apporté à nostre maison, par la grace

Alors, mon frère Honoré luy dit :
« *Tout enfant qui se fie au bien de*
son père ne mérite pas de vivre. Il
faudroit que nostre père fût magi-
cien, pour nous laisser du bien &
avoir tant d'enfans. Nous luy sommes
assez obligés de nous avoir laissé
l'estre que nous tenons de luy. L'on
est ce que l'on peut en s'exerçant à la
vertu, & je ne quitterois pas ma part
d'estre un jour premier président en
Provence, si l'on me laissoit estu-
dier aux lois. Ce que vous me dites,

de Dieu, beaucoup d'armoiries et de généalogies, mais
certes, quant aux revenus, ils n'en ont mis qu'à
médiocrité. Il est à vostre pouvoir d'y apporter l'un
et l'autre, si vous voulez. De moy, quoy que je ne
sois pas beaucoup riche, jamais je ne vous manque-
ray ; mais il faut que vous coopériez et que vous
croyez un peu mon conseil... » Tome I de la nouvelle édition de L. Vivès, p. 51.

*que je suis ignorant, provient de ce
que ma volonté n'est pas d'estre médecin, & je n'y feray jamais rien qui
vaille.* »

Alors, mon frère Charles escrivit à mes père et mère la volonté
d'Honoré, ce qui fut cause qu'ils
l'envoyèrent quérir disant entr'eux :
« *Pour les enfans, Dieu inspire quelquefois de suivre la vocation qui leur
est nécessaire & ne les faut contrecar-
rer.* » Estant icy, Honoré dit à mon
père : « *Je vous donneray contentement, & à ma mère, en sorte que
vous n'aurez sujet de vous plaindre
de moy, puisque Dieu m'appelle en
cette vocation qui est plus conforme à
mon naturel. Je me peineray tant que
je pourray. En se peinant, on par-
vient; nul bien sans peine, heureux*

ceux qui se peinent, car l'oisiveté est mère de tout vice & meschanceté. » Par ainsi, voyant sa résolution, mes père & mère l'envoyèrent à Turin, où il se rendit brave en peu de temps en droit & s'acquit du renom en cette Université.

Charles ayant achevé ses estudes avec Conchet, ils s'en vinrent tous deux par Aix; & mon père les mena passer docteurs en théologie en Avignon, d'où revenant, mon dit père jà cassé de vieillesse & suject à la pierre, pour le tracas du chemin, ayant demeuré sept heures à cheval, tomba malade & mourut peu après. Pendant sa maladie, il y avoit un chanoine à Saint-Trophime, nommé M. Vincens, & mon parrain, lequel, estant bien malade,

résigna son office à mon frère Julien. Quand Julien fut receu du
Chapitre, il vint devant mon père,
habillé en chanoine, & mon père
luy dit : « *Mon enfant, bien te soit,*
si tant est que sois chanoine. Acquitte
toy en homme de bien, à cette inten-
tion ont esté fondées les chanoinies;
mais, si mon compère revient en santé,
rends luy sa chanoinie, Dieu qui est
le père commun te pourvoyra de ce
qui t'est nécessaire. » Le lendemain
Noël 1574, mon père mourut.

 Et, avant que de rendre l'âme, il
nous fit mettre tous à genoux &
nous donna sa bénédiction, faisant
mettre un jeune fils à la place de
mon frère Honoré qui estoit encore
à Turin. Il nous fit à tous une belle
exortation de bien vivre en l'amour

4

& crainte de Dieu, & d'estre bien
humbles & obéissans à nostre mère.
Elle se mit à pleurer de voir un
mari si sage, si homme de bien,
instruisant si bien ses enfans & luy
gagnant sa vie. Ce bon homme la
voyant pleurer luy dit : « *Ma femme,
je vous prie, ne pleurez point, conso-
lez-vous avec Notre-Seigneur. Je m'en
vais à une autre patrie, où je leur
feray plus de bien qu'icy. Je ne les
nourrissois pas, mais c'estoit Dieu
nostre père qui en a eu soin jusqu'à
présent & en aura soin tant qu'ils vi-
vront. Faites les bien instruire &
donnez leur une vacation, telle que
cognoistrez leur estre propre, & à
laquelle Dieu les appellera. Et puis,
ne vous peinez de l'avenir, Dieu pour-
voit à tout ce qu'il cognoist nous estre*

nécessaire. » Puis luy dit : « *Priez Dieu pour moy.* »

Il mourut sur le soir. Estant mort, les prestres qui l'avoient exorté se mirent à genoux, ma mère & tous nous autres enfans demeurant en prière toute la nuit. Le lendemain matin que les voisins apprirent sa mort, ils furent estonnés de voir qu'on n'avoit pas ouy crier, comme c'est la coustume [1]. Mais, ce que les autres mettent à lamenter, feue nostre mère l'employoit à prier & à faire prier Dieu pour son mary.

Il fut enterré à l'église des Pères Dominicains, en Arles, fort regretté

---

[1]. Cette coutume de manifester par des cris sa douleur, après une mort, existe encore de nos jours dans les classes populaires du midi de la France.

des riches & des pauvres. Aussi
mourut-il en homme de bien, &
avant son trespas fit tout ce qu'un
homme de bien & bon chrestien
doit faire, prit le Saint-Sacrement
& demanda pardon en ces termes :
« *Messieurs, j'ai esté un fort long
temps aux gages de la ville*[1]. *Je vous
demande pardon de tous les manque-
mens que j'ay faits en la servant, &
vous prie d'abondant & requiers une
faveur : c'est de prendre mon fils
Charles, qui est passé docteur, aux
gages de la ville, non pas à l'égal
de moy, vu qu'il n'est pas capable pour*

---

1. La plupart des villes, dans l'ancien régime,
pour fixer chez elles & s'assurer un bon médecin, lui donnaient une plus ou moins forte
subvention qui, sans doute aussi, le défrayait
pour certains services publics confiés à ses
soins.

encore ; il se contentera de moins.
Vous me donniez 120 escus, c'est as-
sez de la moitié qui sera 60 escus. »
Ce qui luy fut accordé & mis à
effet.

Il avoit quelque bien en Savoye
qu'il ne voulut jamais vendre, en
laissant jouir ses pauvres parens,
& il avoit dix enfans! Après sa mort,
ma mère le fit vendre pour nous
entretenir. Quand ce bon homme
s'en alloit mourir, il eut souvenance
de Conchet, & l'ayant fait venir luy
dit ; « *Allez-vous en à Lambesc* ¹ *où*
j'ay des amis, & là pratiquez votre
vacation en homme de bien ; & puis,

1. Petite ville située près d'Aix, où se te-
naient avant la révolution les sessions annuelles
de l'Assemblée générale des Communautés de
Provence.

4.

après le temps des villages, vous irez
aux bonnes villes. » Ce que Conchet
fit si heureusement, qu'il est mort
premier médecin d'Avignon, ayant
toujours respecté & honoré ma
mère comme s'il eust esté son
propre enfant.

Ma mère se trouva veufve avec
dix enfans sans en avoir aucun de
pourveu, sinon Charles qui estoit
docteur & aux gages de la ville
d'Arles, comme j'ay dit cy-dessus.
Avec peu & quelques pratiques que
Dieu luy mandoit, il s'entretenoit
le mieux qu'il pouvoit, donnant
néanmoins tout ce qu'il gagnoit à
nostre mère pour survenir à la famille; elle tenant compte de tout
pour le satisfaire au fond. Et mon
dit frère prit la charge & soin qu'a-

voit mon feu père, envers tous ses
frères : c'estoit de leur faire rendre
compte, en présence de leur précepteur, avant disner & souper, de
tout ce qu'ils avoient appris ce jour
là, & pour que chacun d'eux dit
une sentence qui luy servoit d'instruction & d'entretien tout le long
du repas. Ce pauvre Charles prenoit cette peine & cela l'excitoit de
plus en plus à se rendre vertueux
& à fuir l'oisiveté. Il a assisté à
tous tant qu'il a vescu.

J'ay dit que ma mère demeura
veufve avec dix enfans, sans qu'il
y en eust un de pourveu, fors
Charles, Honoré estant encore aux
estudes pour les avoir commencées
trop tard. Vous me direz : *& Julien
n'estoit-il pas chanoine?* Il le fut

vrayment ; mais, M. Vincens venant en convalescence, il luy rendit son canonicat, selon que mon
père lui avoit commandé. Les uns
disoient bien à ma mère qu'elle
n'avoit rien fait pour sa maison,
d'avoir fait rendre ce canonicat,
que le bonhomme estoit vieux,
qu'elle devoit luy en laisser les
rentes toute sa vie. Mon frère de-
meureroit toujours pourveu du bénéfice. Mais feue ma mère répon-
doit qu'elle ne vouloit point vivre en
simonie [1], que Dieu l'avoit toujours

1. « C'est *simonie,* dit Fleury (*Instit. au droit
ecclés.,* 3e partie, chap. XI) de vendre l'ordina-
tion des évêques, des prêtres, & par conséquent
la collation des offices ecclésiastiques & des revenus qui y sont attachés, c'est-à-dire des bé-
néfices. Ce n'est pas seulement la collation de
l'ordre & du bénéfice qui doit être gratuite,

assistée jusqu'à présent & qu'il
l'assisteroit jusqu'à la fin, mettant
toute sa confiance en Dieu.

Mon frère Julien ayant dit à ma
mère que sa volonté estoit d'estre
prestre, elle le fit estudier en théologie. Pour mon frère André, Messieurs de Montmajour[1] avoient promis à mon feu père une place pour
luy dans leur abbaye, après sa
mort. Ma mère alloit trouver souvent M. l'Abbé avec mon dit frère
& moy, pour avoir ladite place. Ja-

mais tous les actes qui s'y rapportent : l'élec-
tion, la confirmation, la nomination, la présentation, la résignation, l'examen, la mise en
possession... »

1. De l'Ordre de Saint-Benoît. L'Abbaye bé-
nédictine de Mont-Majour, fondée au XVI° siècle, non loin de la ville d'Arles, sur un rocher
entouré de marais, a subsisté jusqu'à la fin du
XVIII° siècle. Il en reste de belles ruines.

mais le dit Abbé n'estoit en comodité de luy parler. Ce que voyant André me dit en revenant : « *Ma sœur, je crois que Dieu ne veut pas que je sois moine, vu que ces gens là ne veulent pas parler à ma mère. Ainsi je n'en ay point de volonté. Je désirerois estre médecin comme estoit nostre feu père, si telle estoit la volonté de nostre mère.* » Je le dis à ma mère qui l'appella & lui dit : « *André, ta sœur dit que tu as volonté d'estre médecin.* » Il devint rouge de crainte, n'osant dire librement son intention & craignant de l'offenser. Alors je dis : « *Vous me l'avez dit, je ne suis point mensongère.* » Ma mère répliqua : « *Dis librement, car ta sœur n'est point mensongère. Elle & toy sçavez bien comme je chastie ceux qui uzent de mensonge.* »` Ce qui est véritable ; car, pour ce suject ou pour avoir dit une mauvaise parole à la servante, nous estions dès aussitost chastiés sans rémission. La bonne femme disoit que tous nos manquemens ne proviennent que de mauvaise coustume , & partant qu'il faut chastier la jeunesse pour son profit & pour l'honneur des parens.

Mon frère dit alors : « *Ma mère, ce que ma sœur a dit est véritable, si c'est vostre volonté.* » Ma mère luy respondit: « *A la garde de Dieu, qu'il te fasse la grace d'estre autant homme de bien comme a esté ton père.* » Et dès lors, mon dit frère André estudia en médecine & y profita merveilleusement.

Pour mon frère Honoré, estant
revenu de Turin où il avoit achevé
ses estudes, ma mère le fit passer
docteur à Aix. Vous me direz : Comment est-ce qu'elle pouvoit faire
estudier & passer docteurs ses enfans, nostre père ayant laissé si
peu de rentes ? Je réponds qu'il
avoit acquis & laissé quelques pièces (de terre) dont ma mère se se-
couroit. Car, quand elle vouloit
faire passer docteur quelqu'un de
ses enfans, ou le faire estudier,
elle vendoit l'une de ces pièces, en
mettoit l'argent dans une bourse &
de cela les faisoit apprendre ou
graduer, sans rien emprunter.

Et après que le dit Honoré fut
passé docteur, quant & quant il
eut de pratiques. Un jour arriva

une cause qu'il plaida & gagna sans
avoir parlé à sa partie ni veu les pa-
piers. Seulement, le procureur luy
avoit dit le sujet, & sur le discours
de l'adverse partie il respondit si
pertinemment qu'il emporta gain
de cause ; ce qui le fit admirer de
tous, veu mesme que le procureur
y répugnoit sçachant qu'il n'estoit
point préparé. Or, la fréquentation
qu'il avoit avec les uns & avec les
autres à s'entretenir aux bonnes
grâces d'un chacun, le rendit un
peu desbauché ; ce dont ma mère
estoit fort attristée. Alors, M. de
Biord, fils du Lieutenant d'Arles,
alla passer docteur à Aix, & par le
passé on faisoit trois ou quatre par-
rains¹. Il voulut que mon frère en

1. La chevalerie avait eu ses parrains d'armes ;

5

fust l'un, ce qu'Honoré accepta vo-
lontiers, & en sa présentation il fit
merveille. Ce qu'oyant M. d'Ulme,
pour lors advocat du Roy au
Parlement, dit par admiration à
un conseiller nommé Margalet :
« *Si M. du Laurens vit l'âge d'un
homme, il sera l'un des rares hommes
de son temps.* » Et alors le conseiller : « *Vous devriez luy donner vostre fille.* » Auquel le sieur d'Ulme
respondit : « *Plust à Dieu que cela
fust!* » Dès lors, le dit conseiller
parla de mariage, & on le fit sçavoir à ma mère laquelle n'y vouloit
entendre, disant que marier ainsi
un jeune homme desnué de moyens

l'Université avait également les siens, pour assister les candidats venant subir les épreuves
de la *chevalerie ès lois* ou du doctorat.

& desbauché, ce seroit rendre une maison plus que misérable. Mon frère Charles fit tant que le mariage se fit, & mon frère Honoré depuis se tint à Aix où il advocassa & se rendit de plus en plus capable en sa vacation, fort posé & arresté, quittant toutes ses desbauches. Quelque temps après, il succéda à son beau-père à la charge d'advocat général du Roy qu'il a exercée plus de dix-huit ans, avant que d'estre archevesque d'Ambrun.

Pour mes frères Julien & André, après avoir bien estudié, feue ma mère les fit passer docteurs, Julien en théologie & André en médecine, le mesme an & jour en Avignon. Julien vint demeurer à Arles où il preschoit, André s'ar-

resta en Avignon où il lisoit le matin aux chirurgiens & l'après disné
aux appoticaires. Cela l'exerçoit à
sa vacation & luy faisoit donner
des pratiques pour s'entretenir. En
voilà quatre docteurs.

Quant à mon frère Antoine, il
n'oublioit rien de son côté pour
requérir le degré és droits. Ma
mère l'envoya à Bourges estudier
sous M. Cujas, personage de grande
réputation, & elle n'espargna rien
selon sa puissance. Quand il eut
fait son cours, elle l'envoya à Aix
passer docteur ainsi que les autres,
& là il exerça l'estat d'advocat, ayant
des pratiques pour s'entretenir. Mes
frères avoient ce don que dès aussitost qu'ils estoient docteurs, ils
estoient employés ; ils se peinoient

fort, aussi nul (succès) sans peine,
& par ce moyen ils vivoient honorablement en leur profession.

Et, pour venir à mon frère Julien, un chanoine de Saint-Trophime fut saisi d'un catarre; mon
frère Charles fut appellé & le jugea
mortel. Ma mère sçachant cet accident alla trouver messieurs les
chanoines, & les pria l'un après
l'autre, en cas de mort sans résignation, de vouloir gratifier mon
frère qui avoit eu l'honneur d'estre
de leur compagnie, qu'elle avoit
fait passer docteur du depuis & qui
preschoit actuellement, n'uzant
d'autre compliment pour les induire
à sa volonté. Tous luy promirent
leur voix, au desceu l'un de l'autre.
Le dit chanoine estant mort & le

Chapitre assemblé, ma mère les
somma de (tenir) la promesse, ils
l'accomplirent à pache [1] que mon
frère exerceroit la théologie, avec
cet avantage qu'elle luy seroit perpétuelle, auparavant n'estant qu'an-
nuelle. Il se comporta honorablement en cette charge quelques an-
nées, jusqu'à ce qu'un poste estant
devenu vacant à Tarascon, lieu de
sa naissance, il se rendit à l'hospital pour assister les malades à la
confession & baptiser les enfans.
Mais il y mourut. Au reste, il avoit
mené une vie sainte ; car depuis
qu'il fut théologal il ne coucha jamais au lit, mais prenoit son repos
sur une chaise, portoit ordinaire-

---

1. Mot provençal signifiant à condition.

ment la haire, alloit accompagner
les pauvres de l'hospital en la sépulture teste nue dehors la ville. Quand
il estoit à table, il ne mangeoit que
des plus viles & grossières viandes,
seulement pour se sustanter. Bref,
il vescut & mourut saintement en
s'abandonnant de la sorte pour l'a-
mour de Dieu & du prochain. Or,
devant que d'aller audit hospital,
il escrivit sa volonté par laquelle il
donnoit son calice avec tous les at-
tirails de la messe aux Pères Capucins, toutes les rentes de son
canonicat aux pauvres. Il eut le
canonicat par bonne voie, & s'il
eust retenu celuy de feu mon parrain (M. Vincens), Dieu n'eust pas
permis qu'il fust mort si saintement
comme il fit. « *Il n'y a que de mar-*

cher par *les grands chemins des com-*
mandemens de Dieu, disoient mes
père & mère, *& Dieu nous mandera*
ce qui nous sera nécessaire. »

Nous estions encore cinq jeunes
(enfans) à eslever. Nostre mère en
prit le mesme soin que des autres.
Sur cela, la femme de mon frère
Honoré vint à estre enceinte. L'on
donna l'enfant qu'elle portoit en
baptesme à feue ma mère. Elle alla
à Aix avant l'accouchement & me
mena avec elle. Pendant nostre
séjour la peste vint à Arles, ce qui
fut cause que ma mère (l'enfant
estant né & baptisé) s'en alla promp-
tement pour faire sortir toute sa
famille & donner ordre qu'elle fît
quarantaine pour se loger en une
ville saine. Elle me laissa à Aix, là

où estoit aussi venue ma tante de
Riez, ville où nous arrivâmes le dernier jour de l'an 1580[1]. Et après Pas-
ques, ma mère m'envoya quérir par
mon frère Charles. J'estois fort bien
avec ma dite tante, sage & honorable damoyselle; mais feue ma mère
disoit que les filles ne doivent jamais estre séparées de leurs mères.
Mon dit frère me mena à Tarascon
où ma mère s'estoit retirée avec
toute sa famille, ayant fait, comme
j'ay dit, la quarantaine, pratiquant
en cela le commun dire qu'en fait
de peste le meilleur remède est de
sortir tost & de se retirer tard[2].

1. On a vu au début de cette histoire que la
famille de Castellan était originaire de Riez,
petite ville de la haute Provence.

2. Cette peste de 1580 fut surnommée en
Provence la *grande peste.* Elle dura sept ans, ne

5.

Estant de retour à Arles après le mal, elle pensa à me marier, disant que, comme les filles entrent en l'âge de dix-huit ans, il faut penser à les loger, & que les pères & mères doivent travailler à cela tandis qu'ils vivent, & ne les laisser à la volonté ou discrétion des autres, tant qu'ils peuvent. Donc, elle me maria avec un fort honorable homme nommé M. Achard. Je ne demeuray mariée que quatre ans, quatre mois, quatre heures, ce que je marquay plus particulièrement. Il me laissa un fils qui ne vescut que dix-sept ans, mais qui pour son âge estoit rare, ayant dignement passé toutes ses

disparaissant sur un point que pour éclater sur un autre. Elle fit 30,000 victimes à Marseille & 8,500 à Aix.

classes, fait son cours de philosophie, & prêt à passer docteur en
lois. Vous me direz que je vante
bien ma généalogie : je l'avoue,
mais aussi je ne mets rien qui ne
soit véritable & dont plusieurs peuvent encore se ressouvenir, sur les
effets de la bonne nourriture & instruction qu'a eué toute nostre famille, jointes à la grâce du bon
Dieu. Aussi la fin couronne l'œuvre. Mon dit fils naquit un jour remarquable, l'an 1582 & le neufvième décembre, auquel on osta du
du calendrier les dix jours par la
réformation Grégorienne, tellement
qu'au lieu de neuf on compta dix-
neuf[1].

1. Les souvenirs de Jeanne du Laurens ne la
trompent pas. Pierre de l'Estoile écrivait à cette

Quand je fus veufve & que j'eus passé l'an vidual[1] auprès de ma belle-mère, ma mère me retira à sa maison, disant qu'une jeune veufve a autant besoin d'estre tenue de près qu'une fille & que j'obéirois mieux à elle qu'à une belle-mère. Puis elle me remaria fort honorablement avec M. Gleyse.

Pour mon frère le capucin, il entra en religion l'an que je me mariay avec mon premier mari. Cela

date dans le *Registre-Journal* de Henri III : « En ce mois de décembre 1582, fut confirmée par édit, ordonnance & déclaration du Roy, la réformation du kalandrier faite par le Pape pour le retranchement de 10 jours, tellement que le 10 décembre on compta 20. »

On sait que le pape Grégoire XIII retrancha dix jours de l'année, pour remédier aux erreurs du calendrier de Jules César.

1. La première année de veuvage.

pensa couster la vie à ma mère ; car
elle disoit que, pour élire une vie si
austère & perpétuelle, il y falloit
bien penser pour ne s'en repentir
jamais. Il y entra à la bonne heure,
car il y a vescu aussi honorablement que jamais capucin ait fait,
ayant persévéré l'espace de trente-
six ans. Il a esté trois fois provincial & il est mort en la dite charge.
Il a presché par toutes les bonnes
villes de France ; il se noya par
une tourmente de mer le 2 aoust
1617, entre Marseille & les Martigues[1], fut trouvé le 17 dudit mois
presque au mesme endroit sans es-

1. Petite ville, située à l'entrée de l'étang
de Berre, qui avait été érigée en principauté
par Henri IV en faveur de Marie de Luxem-
bourg, duchesse de Mercœur.

tre gatté ny corrompu, & (de là)
porté à Marseille où il fut enterré
& fort regretté. Presque toute la
ville assista à ses funérailles.

Après nous estre retirées à Arles,
arriva qu'il y eut une chaire va-
cante de médecine à Montpellier.
L'on en donna avis à ma mère, laquelle aussitost fit venir mon frère
André qui pratiquoit en Avignon &
l'incita à l'aller disputer, luy pro-
posant l'exemple de feu M. de Castellan nostre oncle qui avoit fait de
mesme & par ce moyen s'estoit
avancé vingt ans auparavant. Mon
frère ne rejetta point ce conseil,
ains, protestant de vouloir obéir en
tout & pour tout à nostre mère,
prit le chemin de Montpellier, où,
s'estant présenté à la dispute, no-

nobstant sa capacité, fut bien tra-
cassé de beaucoup de médecins.
Mais à la fin il vint à bout & emporta la chaire avec prou de peine,
à son grand honneur. Or, après,
il eut grand procès avec quelques
uns de ces médecins, tellement qu'il
fallut aller à Thoulouze & y débat-
tre son droit. Il requit qu'il luy fust
permis de plaider sa cause, ce qui
luy fut accordé, & fit si bien qu'il
la gagna, d'où il fut encore en plus
grande estime qu'auparavant.

Là, se trouvoient beaucoup d'ho-
nestes gens & bien qualifiés, entre
autres Mme de Crussol, duchesse
d'Uzès, qui du depuis le prit pour
son médecin. Ayant eu gain de
cause, mon dit frère s'en revint à
Montpellier exercer sa charge, &

Richard mon autre frère fut envoyé
au dit Montpellier pour y estudier
en médecine.

Quelque temps après que mon
frère André eust résidé à Montpellier en y exerçant honorablement
sa charge, Mme la duchesse d'Uzès
tomba malade, & se ressouvenant
de l'action[1] qu'elle luy avoit veu
faire à Thoulouze, dont j'ay parlé
cy-dessus, elle l'envoya quérir pour
l'assister. Mon frère y alla, &, avec
l'ayde de Dieu & la grande peine
qu'il y prit, elle se trouva mieux ;
& elle luy dit : « *Monsieur du Laurens, je veux faire un voyage à la
Cour et veux que vous m'y accompa-
gniez. Allez donner ordre à vostre*

___

1. Action oratoire.

chaire. » Mon frère, bien aysé de faire un si honorable voyage, sans qu'il luy en coustât rien, accepta l'offre & alla pourvoir à sa chaire qu'il remit à M. Ranchin, lequel, se sentant assez honoré de cette faveur, le voulut servir gratis. Aussitost mon frère revint vers Mme la Duchesse, & ils s'en allèrent ensemble à la Cour.

Or, estant de séjour, elle alloit souvent visiter le roy Henry IV, & menoit tous-jours mon frère avec elle. Un jour le Roy dit à Mme d'U-zès : « *Qui est ce jeune homme ?* » Elle lui respondit : « *C'est un médecin, nepveu de M. de Castellan qui avoit esté premier médecin du feu roy Charles IX, & professeur à Montpellier où il exerce la mesme charge.*

C'est un bel esprit, je lui vis faire à Thoulouze une action qui me ravit en admiration. » Et elle conta tout par le menu, au grand estonnement du Roy, puis ajouta : « *J'estois malade il n'y a pas longtemps, le manday quérir; il vint, sans luy j'estois morte, il m'a guérie bravement.* » Le Roy, ayant entendu tout ce discours, le regarda de bon œil & du depuis le vit tous-jours de bon œil, outre qu'il estoit bel homme & fort agréable. Peu après le Roy fut malade, la duchesse voulut que mon frère le visitât & qu'il fust d'une consulte qu'on fit là-dessus. Tous les autres médecins furent d'une seule opinion & mon frère fut seul en la sienne. Nonobstant ce, la dite dame insista tous-jours pour que l'opinion de son médecin fust suivie : ce qui fut fait, & le Roy s'en trouva bien. Alors elle luy dit familièrement : « *Je vous donne mon médecin, s'entend après que je seray morte & non devant. Car c'est un des rares hommes de ce temps en sa profession.* » Elle ne vescut pas longtemps après, & le Roy le prit pour son médecin ordinaire ; puis, par succession de temps, il se trouva le premier & le fut tant qu'il vescut[1], ayant esté bien récompensé

1. S'il faut en croire Pierre de l'Estoile, la charge de premier médecin du Roi n'était pas une sinécure, & elle aurait créé pour le titulaire une dure sujétion. Pierre de l'Estoile va jusqu'à dire que « les jours de M. du Laurens en furent avancés, par la veille qu'il luy faloit souffrir près le Roy, lequel quand il ne pouvoit reposer envoioit quérir le dit du Laurens, pour luy venir lire, & le faisoit souvent relever en plein minuit. » (*Registre-Journal de*

comme vous verrez cy-après. Pour
la chaire de Montpellier, M. Ranchin la tint tous-jours gratis, le Roy
l'ayant augmentée de cent escus
outre les cent qu'il en tiroit ordinairement, de sorte qu'elle luy va-
loit tous les ans deux cents escus.
Ma mère tira continuellement ces
deux cents escus, tant qu'elle vescut, pour se survenir en sa vieillesse ; car, ayant fait endoctriner
tant d'enfans, il ne lui estoit guère
resté de moyens. Mais Dieu pour-
veut à ses besoins & à ses vieux
ans.

Au mesme temps que mon frère
André alla à la Cour, mon frère
Richard se retira à Beaucaire où il

*Henry IV. Nouvelle collection de Mémoires pour
servir à l'histoire de France, 1837, p. 537.)*

lisoit aux chirurgiens & appoticaires, entre lesquels se trouva un
chirurgien de Lion qui lui persuada
d'aller en cette dernière ville, luy
offrant sa maison avec promesse de
le faire mettre en pratique & de le
faire lire avec plus d'honneur. Il y
alla donc & y demeura jusqu'à ce
que mon frère Mons. d'Arles vint
prendre possession de son archevesché (époque du retour de Richard à Arles), ville où il est mort
& enterré comme est escrit cy-
dessus.

Tous mes frères estoient logés.
Mon frère Charles estoit marié avec
une damoyselle de Tarascon, de la
maison de Raousset, dont il eut
trois enfans qui moururent jeunes
& la femme aussi. Pour les trois

enfans, ma mère les gouverna durant sa vie[1].

Il y avoit encore mon frère Gaspard, le plus jeune de tous, que ma mère envoya à Orléans pour l'y faire estudier en loix. M. d'Ulme, advocat du Roy à Aix, alla à Paris député par le Parlement de Provence. Il y mourut & résigna son office à mon frère Honoré, son beau-fils, qui l'exerça en homme de bien l'espace de dix-huit ans, après lesquels

1. Charles du Laurens, dont il est parlé ici, est le même qui, faisant ses études de médecine à Paris, se contentait de boire de l'eau pour épargner les ressources très-modestes de ses parents. « Il se gasta l'estomac, » nous a dit sa sœur, & il mourut prématurément en 1588, laissant trois enfants que leur grand'mère prit encore à sa charge, en même temps qu'elle travaillait avec un dévouement sans bornes à établir les siens non encore docteurs.

il vint à estre veuf & ne voulut jamais se remarier, vivant comme un religieux. Mon frère Antoine estoit auprès de luy, & le voyant estre advocat du Roy le pria de luy faire avoir quelque sollicitation pour aller à Paris : ce qu'il fit à la première occasion. Ayant receu cette charge, Antoine s'y comporta si bien que de solliciteur il devint advocat postulant, & luy-mesme plaidant sa cause la gagna, ce qui l'encouragea de telle sorte que du depuis il est habitant de Paris où il a très-bien fait ses affaires. Il a trois fils & sept filles, vivant sans reproche & en vray homme de bien.

Or, pour revenir à Gaspard, estant venu d'Orléans, il alla passer docteur à Aix capablement ; mais

il ne voulut exercer la vacation
d'advocat, estant porté à la dévotion. Ma mère s'en faschoit, lui pro-
mettant son assistance tant qu'elle
vivroit. Néanmoins il voulut suivre
son inspiration, il se fit prestre, dit
sa première messe à Saint-Martin
& y prescha. Ma mère y assista,
ma sœur & moy. Mon autre sœur,
veufve de M. de Mende, fut mariée
en seconde noce avec M. de Bar-
rême, juge de Tarascon. Quand elle
mourut, elle laissa neuf enfans,
trois du premier mari & six du dernier. Du premier mari, il y en a
encore deux, sçavoir : un fils qui
est chanoine à Saint-Trophime &
une fille mariée avec un gentil-
homme nommé Duzane. De son second mari, elle a laissé un fils

maintenant viguier à Tarascon, marié avec la fille de M. le président
de Réauville, un advocat, un capucin & un qui porte les armes.

Feu mon mari me laissa cinq enfans. Il en mourut un âgé de 20
ans & homme d'église. Mon aisné
est capucin & prédicateur, le second docteur aussi & advocat plaidant, marié avec une sage & vertueuse damoyselle, en ayant un fils
& trois filles encore petites. Le
plus jeune est docteur, mais il
n'exerce pas encore, ayant porté
longtemps les armes pour le service du Roy à Montauban, en Hol-
lande, devant la Rochelle & en plusieurs autres occasions, bien versé
aux mathématiques & à la peinture; il se trouva dans Bréda as-

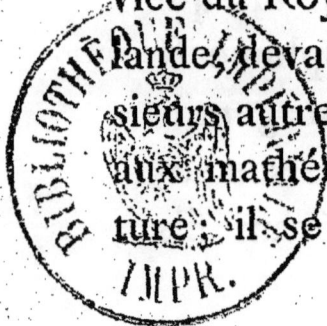

6

siégé par Spinola & a peint tous
ces lieux de sa propre main. J'ay
aussi une fille mariée avec M. Gi-
rard, advocat du Roy au siége
d'Arles, qui a une fort belle famille
& bien élevée en la vertu & crainte
de Dieu.

Avant le décès de feue ma mère,
mon frère André médecin du roy
Henry IV, avoit eu don de Sa Majesté de l'abbaye de Sénanque[1]
qu'il remit à mon frère Gaspard.
Ma mère en ayant receu la nouvelle m'envoya aussitost quérir,
pour me conjouir avec elle ; car
j'estois pour lors mariée & elle me
tint ce propos :

1. De l'ordre de Cîteaux, située derrière les
montagnes de Vaucluse & fondée au milieu du
XIIe siècle.

« *Ma fille, que je suis redevable à
Dieu! J'estois en peine pour mon fils
Gaspard, & voicy que j'ay receu une
lettre de mon fils le médecin du Roy,
par laquelle il me marque comme le
Roy l'a fait pourvoir d'une abbaye.
Je mourray asseurée, très-contente,
voyant que mes enfans sont tous pour-
veus & ont de quoy passer en ce monde
honorablement.* »

Elle fit une belle exortation à
mon dit frère, pour qu'il s'acquittât
bien de sa charge & vescût en bon
prestre. Quelques mois après, mon
frère le médecin du Roy eut de luy-
mesme un autre don plus favorable,
celuy de l'abbaye de Saint-Pierre-
de-Vienne, pour le mesme Gaspard
jà abbé de Sénanque ; & il luy en
envoya le brevet. Ce qu'ayant ap-

pris ma mère me le communiqua
dès aussitost comme la première
fois, & recognoissant la grâce que
Dieu lui avoit faite, me dit :

« *Ma fille, vostre frère a mandé*
un autre brevet d'une autre abbaye.
Je luy veux escrire que je ne prends
pas plaisir à ces grandeurs & que
c'estoit assez de la première, qu'il
ne faut pas tant penser aux honneurs
du monde. C'est assez d'avoir de quoy
vivre. Feus mon père & ma mère es-
toient gens qui ne demandoient qu'à
passer un jour après l'autre en gens
de bien, & à vivre en la crainte de
Dieu. »

Or, quand mon frère Gaspard
s'en alloit à son abbaye de Vienne,
feue ma mère luy fit une belle &
grave remonstrance comme il devoit

s'y comporter, pour qu'il suivît de son pouvoir la vie de celuy qui avoit institué & fondé cette abbaye, adjoutant qu'il ne faut pas prendre la charge pour vivre délicieusement, mais suivant l'intention du fondateur. En 1597, il fut eslu abbé de Vienne; en 1598 & le dernier jour de l'an nostre mère mourut.

Pour lors, elle avoit les enfans de feu mon frère l'advocat du Roy qui estoit veuf & ceux de mon frère Charles jà décédé avec sa femme. Elle leur tenoit un précepteur pour les instruire, nommé Guisonni, du depuis vicaire de Mgr. d'Arles mon frère. Elle le fit appeller avant son trespas & luy en chargea d'escrire une lettre, telle qu'elle la luy dicteroit, à chascun de ses enfans.

6.

C'estoient les jour & feste de Saint-Jean l'Évangéliste, après Noël. Elle commença par l'advocat du Roy, comme son aisné.

« *C'est la dernière lettre que je vous escriray, laquelle est pour vous recommander de vivre tous-jours en l'amour & crainte de Dieu, de vous entretenir tous-jours en la bonne paix & amitié avec vos frères & sœurs, & d'avoir les enfans de vostre frère Charles en singulière recommandation.* »

Les autres lettres estoient presque toutes semblables en substance, hormis quelques circonstances. Elle escrivit particulièrement au capucin & à l'abbé qu'en célébrant le saint sacrifice ils se souvinssent de prier Dieu pour son âme, & me

donna la charge de mander à chascun à part sa lettre au plus tost, ce
que je fis. Et premièrement je manday à Aix à mon frère l'advocat du
Roy qu'il ne fît faute de venir, &
que nostre mère estoit bien mal. Il
vint & dès aussitost il l'exorta, puis
toute la nuit veilla en prières &
oraison fort dévotement. Je manday
aussi à Marseille à mon frère le
capucin qu'il ne manquât pas de
venir, & il la trouva aux abois de la
mort, de sorte que mes deux frères
la veillèrent, priant toute la nuit.
J'escrivis encore à ma sœur qui
quant & quant fut icy. Elle & moy
luy rendîmes tous les services qui
furent en nostre pouvoir. J'escrivis
enfin à Conchet nostre cousin à
Avignon ; mais il se trouva absent.

Ma mère luy avoit escrit comme à un de ses enfans, luy recommandant surtout l'amitié.

Quand nostre mère fut morte, nous la fîmes enterrer dans la sépulture de nostre père, & quelques jours après, ayant donné ordre aux affaires, j'allay mener à Aix la fille de mon frère l'advocat du Roy. Ma sœur prit celle de mon frère Charles, & mon mari, que je devois mettre le premier, prit le fils. Je demeuray deux mois à Aix, pour avoir meilleur loisir de recomander ma nièce à ses parens & amis. Pour mon nepveu, on le mit en un collége.

Pendant mon séjour à Aix, mon frère le médecin du Roy escrivit une lettre à mon frère Honoré, le sujet de laquelle estoit que l'office

de premier président d'Aix estoit
vaquant. Il le prioit de se disposer
à le prendre, disant qu'il estoit en
son pouvoir & ne luy coûteroit pas
un liard. Mon frère me monstra ladite lettre. Je luy ay veu refuser
ce qu'il s'estoit préjugé avoir à Paris, parlant à mon frère Charles,
tout jeune qu'il estoit, comme j'ay
dit cy-devant[1].

Durant les deux mois que je fus
de séjour à Aix, mon frère le capucin prescha à Marseille un ca-
resme, y en ayant jà presché trois.
En ce temps là, la Reine d'Espagne
arriva aux Isles de Marseille. Mon
dit frère m'escrivit de l'aller voir.
Or, estant de retour à Aix, mon

1. V. ci-dessus, p. 58.

frère l'advocat du Roy me dit :
« *Hé! bien, ma sœur, racontez-moi
toutes ces belles choses que vous avez
veües.* » Je les luy racontay par le
menu. Alors il me dit : « *Vous y
avez pris grand plaisir ? — Ouy,* »
luy dis-je. Il me répartit : « *Que
pensiez-vous pour lors, voyant de si
belles choses ? — Je me réjouïssois,*
respondis-je, *& ne faisois autre chose.
Que vouliez-vous que je fisse ? —*
« *Oh !* dit-il, *il falloit, mon Dieu !
penser ce que ce sera de vostre para-
dis. Cecy n'est qu'un néant & réjouit
tant. C'est sur cela qu'il falloit mé-
diter.* »

La bonne vie de mes frères venoit de loin & de la peine que feus
nostre père & nostre mère avoient
prise à nous élever. Pour moy, je

m'estime heureuse & plus qu'heureuse d'avoir eu un si sage père &
une si sage mère. J'ay beaucoup
veu & lu, attendu que je suis jà
vieille ; mais je n'ay point veu des
pères & mères avoir plus fait pour
leurs enfans qu'eux ont fait, n'espargnant ny leurs personnes, ny
leurs moyens, pour nous faire instruire à toute vertu.

Quant à nous autres filles qui estions jeunes, ma mère nous menoit
tous-jours devant elle, soit à l'église,
soit ailleurs, prenant garde à nos
actions. Que si nous regardions çà
& là, comme font ordinairement
les enfans, elle nous souffletoit devant tous pour nous faire plus de
honte ; & disoit que, quand les enfans marchoient derrière nous, on

ne peut voir la contenance qu'ils
tiennent, enjoignant aux maîtres
qui menoient mes frères de faire de
mesme. Elle ne manquoit à nous
aprendre toutes choses vertueuses :
point de vanité, jamais elle ne nous
menoit au bal, disant que nous sommes assez fragiles, sans nous pro-
duire en vanités. Quand je fus mariée, elle me faisoit toujours des
admonitions. Elle vescut septante-
cinq ans, & sur ses derniers ans, ne
pouvant bien cheminer, il me falloit luy envoyer mes enfans une
fois la semaine. Un jour d'esté, luy
en ayant mandé trois, le plus petit
âgé seulement de trois ans & demi,
passant par la place où estoit son
chemin, prit trois fèves & deux cerises. Les autres deux, dès aussi-

tost qu'ils furent chez ma mère, luy
dirent : « *Ma grand'mère, mon frère
Nicolas* (car tel estoit son nom) *est
larron, il a derrobé trois fèves & deux
cerises.* » Ma mère le renvoya in-
continent par une servante & dit à
celle-cy : « *Dites à ma fille qu'elle le
fouette devant vous.* » Quand la servante me dit cela, je me mis à rire.
La servante me dit : « *Mademoy-
selle*[1], *il ne faut pas penser que je
m'en retourne sans le voir fouetter.* »
Je pris le fouet & luy en donnay,
voyant que ma mère me le mandoit
dire[2]. Quelques jours après, allant

1. Dans l'ancien régime, on donnait le nom
de *damoiselles* aux femmes mariées, appartenant
à la noblesse de second ordre. Plus tard cette
expression qualifia toutes les femmes non no-
bles.

2. Henri IV écrivait, le 14 novembre 1607,

visiter ma mère à l'accoustumée, je
le menay avec moy. Mais, comme
il fut à la porte, il dit avoir mal au
pied, ayant honte de se monstrer &
de se présenter devant sa grand'-
mère. Je monte le laissant en bas &
le dis à ma mère. Elle descend &,
portant quelques cerises, elle luy

à Mme de Montglat, gouvernante des Enfants
de France : « *Madame de Montglat, je me plains
de vous de ce que vous ne m'avés pas mandé que
vous aviés fouetté mon fils ; car je veulx et vous
commande de le fouetter toutes les fois qu'il fera
l'opiniastre ou quelque chose de mal, saichant bien
par moy-mesme qu'il n'y a rien au monde qui lui
face plus de profit que cela ; ce que je recognois par
expérience m'avoir profité. Car estant de son age,
j'ay esté fort fouetté. C'est pourquoy je veulx que
vous le faciés et que vous luy faciés entendre. A
Dieu, Madame de Montglat ; ce xiiij novembre, à
Fontainebleau. »* Lettres missives de Henri IV
publiées par M. Berger de Xivrey, t. VII ; *Collection des Documents inédits de l'histoire de
France.*

dit : « *Je vous porte ces cerises. Vos-*
tre mère m'a dit que vous ne seriez
plus larron, ce dont je vous aimeray
bien. » Cet enfant mourut âgé de
quatre ans.

Sur cette action que je viens de
dire, ma mère fit une belle remonstrance : de prendre bien garde à
mes enfans, que j'estois obligée de
ce faire, que j'en recevrois de l'honneur & mes enfans du profit : car
l'honneur des pères & mères est
que leurs enfans soient bien sages
& vertueux. N'estant bien instruits
ni chastiés, ils viennent en liberté
de conscience & ne peuvent faire
que mauvaise fin[1]. Elle me dit en-

1. Vers le même temps, le Père Caussin caractérisait, en des termes dignes d'être repro-
duits, les mœurs dont il était témoin dans les

core : « *Ma fille, je vous recomande*
vos enfans, faites leur apprendre une
vacation ; ayant cela & la crainte de
Dieu ils ont assez. Qu'est-ce qui man-
que à vos frères ? Quand je fus veufve
avec tant d'enfans, je n'avois après
Dieu que mes voisins & amis ; car de
parens, je n'en avois point icy, vostre

hautes classes sociales, livrées à l'orgueil de la
richesse ; elles contrastent avec celles de la famille du Laurens.

« Le cœur me saigne quand je considère
comme on nourrit aujourd'hui plusieurs enfants
de qualité, qu'on étouffe avec des indulgences
serviles sous ombre de les caresser. Dieu les
donne comme des créatures avec lesquelles il
prétend soutenir le monde, gouverner les répu-
bliques, peupler le ciel & orner même la con-
versation des anges. Mais à voir comme on les
traite, il semble que ce soient des pièces de
chair qu'il ne faille que lécher comme des ours
pour leur donner leur perfection. On les charge
de graisse & de cuisine, on les entretient dans
l'assouvissement de tous les désirs de leur cœur,

feu père estant de Savoye, & moy de la haute Provence. Mes amis donc, voyant que j'estois chargée de tant d'enfans, me disoient : « De deux filles que vous avez, faites-en une religieuse, vous logerez mieux l'autre ; de vos fils, mettez-en un à chaque couvent de la ville, & les autres seront

on les sert comme de petits rois, ils n'ont pas encore quelquefois l'âge de cinq ans & ils exercent déjà une absolue monarchie dans la maison de leur père.

« Jésus-Christ a banni l'idolâtrie du monde, avec tant de sueur & tant de sang, & on la renouvelle tous les jours, lorsqu'on fait des enfants de certaines petites idoles à qui on sacrifie tous les cœurs, tous les soucis, les espérances, les craintes & les hommages. » *La Cour sainte,* 1647.

M. Bathild Bouniol a publié naguère des fragments de ce curieux ouvrage, écrit dans la retraite par le confesseur de Louis XIII. V. *La Femme, ses vertus et ses défauts,* Paris, 1864, p. 96 & 97.

mieux à leur aize, & fairez une bonne
maison » Ma fille, j'entendois tout
cela qui estoit pour espargner le bien
& mettre en repos mon corps. Mais,
après avoir tout ouy, je me recoman-
day fort à Dieu & le priay de m'in-
spirer de bien gouverner mes enfans,
estant sortis d'un si bon & si sage
père. Que je fus heureuse & plus qu'heureuse d'avoir eu tant d'enfans de luy!
Il estoit venu de rien, & espérant que
mes enfans estant bien instruits sui-
vroient les traces de leur père, je me
résolus de faire tout mon pouvoir à
les bien gouverner & de n'en point
faire de religieux, s'il ne venoit de
leur mouvement; ains les élever le
mieux qu'il me seroit possible, & puis,
quand ils seroient grands, s'ils n'a-
voient assez de se faire religieux,

qu'ils se fissent hermites. J'en serois
contente. »

Elle a si bien fait, loué soit Dieu!
que devant que de mourir elle les
a veus tous logés honorablement,
comme j'ay escrit cy-dessus.

Après sa mort, en l'année 1600,
mon frère le médecin du Roy eut
en don de Sa Majesté l'archevesché
d'Ambrun qu'il manda présenter à
mon frère le capucin ; mais celuy-
cy le refusa disant qu'il avoit fait
vœu de pauvreté, & partant qu'il
vouloit mourir pauvre. Puis il l'envoya présenter à mon frère Honoré,
l'advocat du Roy, qui, pour lors,
estoit veuf & vivoit en religieux;
mais celuy-cy s'en excusa aussi disant qu'il estoit indigne de cette
charge & qu'il avoit assez à faire à

gouverner son âme, sans conduire celle des autres [1].

1. Jeanne du Laurens omet de mentionner le rôle très actif de son frère Honoré, pendant la Ligue. Il a été indiqué dans une notice biographique, où l'auteur, M. Mouan, secrétaire perpétuel de l'Académie d'Aix, a cité quelques passages de notre manuscrit. (V. *Mémoires de l'Académie d'Aix*, 1857.)

Il suffira de dire ici qu'Honoré du Laurens fut député par la Provence aux seconds États de Blois en 1588, puis en 1591 à Rome où il demanda des secours au Pape, en décembre 1591 aux États généraux tenus à Reims, enfin aux États convoqués à Paris en janvier 1593 par le duc de Mayenne; qu'il prit part aux Conférences de Suresne & en fit l'histoire dans un ouvrage devenu très-rare, bien qu'il ait été réimprimé.

Dans cette occasion il entra en relation personnelle avec Henri IV. Plus tard, lorsqu'il eut été nommé à l'archevêché d'Embrun, il le vit une nouvelle fois, & ce prince lui dit : « *Faites moi désormais autant de bien que vous avez voulu me faire de mal.* »

Henri IV n'oublia pas Honoré du Lau-

Alors, mon dit frère escrivit à mon
mari d'aller à Aix le prier d'accep-
ter la dite charge : ce qu'il fit à son
instance, non sans beaucoup de
peine & de difficulté. L'ayant ac-
ceptée, il tascha de s'en acquitter

rens. Plus tard, il en demandait des nouvelles à
François Dupérier, l'ami de Malherbe & chargé
d'une mission par la Provence. « *Que fait le
bonhomme Laurens? Il estoit grand ligueur, fort
contre moi; mais je ne lui en sais point mauvais
gré, il ne le faisoit pas pour les Guise, mais pour
la religion.* » L'anecdote est racontée dans une
curieuse correspondance du XVIIIe siècle, par un
survivant du XVIIe. V. notre travail intitulé :
L'ancien Barreau du Parlement de Provence, Paris,
Durand, 1862.

Enfin, s'il fallait en croire les historiens de
Provence, Honoré du Laurens aurait prouvé à
Henri IV son dévouement par un grand acte de
zèle apostolique. Se trouvant à Paris, lorsque
fut commis l'attentat de Ravaillac, il aurait eu
le temps de se jeter dans le carrosse du Roi &
de lui donner l'absolution. Le fait de l'absolu-

7.

au plus près de son devoir, menant
une vie apostolique & fort exemplaire. Il alloit tous-jours à pied en
ses visites, il preschoit ordinairement, & estant en un lieu d'héré-
tiques il en convertit beaucoup, es-

tion donnée est plus que douteux. Pierre de
l'Estoile se montre très-incrédule à propos d'un
certain discours, alors publié, « par lequel l'archevesque d'Ambrun auroit confessé & exhorté
au Louvre le Roy qui, tout mort qu'il estoit,
auroit eslevé les yeux & les mains en haut, té-
moignant par là qu'il mouroit vrai chrestien &
bon catholique. »

Un père jésuite nommé Fournier, auteur d'une
histoire manuscrite de l'archevéché d'Embrun,
a dit d'Honoré du Laurens : « Depuis saint
Marcellin, premier évéque de cette ville l'an
310, & saint Pélade qui vivoit l'an 513, il ne
s'est pas présenté de personnage en l'archevesché d'Embrun qu'on puisse plus assurément
qualifier du nom de saint. » *Histoire chronolo-
gique de Provence,* par Honoré Bouche, t. II,
p. 840.

tant bien versé aux controversés.
Il vescut douze ans archevesque,
mourut pauvre en 1612, donnant
tout aux indigens. Il avoit un fils
nommé Jean-Baptiste qui mourut
abbé de Sénanque, & encore une
fille nommée Loyse, mariée à Ma-
nosque avec M. Hubert de Lincel,
seigneur de Saint - Martin, l'an
1599.

En l'année 1603, M. l'archevesque d'Arles, nommé Horace Mon-
tanus, estant décédé de mort sou-
daine, mon mari en donna l'avis à
mon dit frère le médecin qui estoit
à Paris auprès du Roy. Il demanda
cet archevesché pour mon frère
Gaspard, abbé de Saint-Pierre-de-
Vienne, & l'obtint de Sa Majesté :
tellement que deux de mes frères

se trouvèrent archevesques en mesme temps, l'un en Dauphiné & l'autre en Provence. Je les ay veus tous deux prescher à Arles dans l'église de Saint-Trophime, la mitre en teste. J'ay veu prescher en la mesme chaire mes deux autres frères, le théologal & le capucin, par plusieurs & diverses fois.

Mon frère Gaspard estant archevesque donna l'une de ses abbayes au fils de feu M^r d'Ambrun nostre frère, comme j'ay dit, & il donna celle de Saint-Pierre à un autre nepveu, fils de mon frère Antoine, l'advocat de Paris. J'ay veu ce nepveu prescher en cette ville d'Arles, dans Saint-Trophime ; il est aumônier du Roy, conseiller clerc & docteur en Sorbonne.

Mon dit frère l'archevesque d'Arles mourut à Salon[1] le 12 juillet 1630, fut porté & enterré à Arles. Il a esté archevesque vingt-six ans, dix mois, a tous-jours bien vescu & fait belle mort, regretté de tous généralement. Il est mort pauvre, employant tous ses revenus ou à la substantation des pauvres, ou aux églises. Il fit son testament & institua pour ses héritiers deux de nos neveux, le fils de feu mon frère le médecin du Roy & l'autre qui est abbé de Saint-Pierre, tous les deux aisnés de leurs maisons. Il fit de belles réparations aux églises, & particulièrement à Saint-Trophime

1. Petite ville, située à 24 kilom. d'Aix, sur le canal de Craponne, et dont les archevêques d'Arles avoient le domaine temporel.

une belle & grande chapelle où il
est enseveli. Il y a fondé les litanies
de Nostre-Dame à dire douze fois
l'année, avec le pseaume du Roy,
le tout chanté en musique avec les
orgues. Il a fondé encore au mesme
lieu une petite messe à dire tous
les jours, & aussi un *obit* perpétuel
le jour (anniversaire) de son décès.
Ses héritiers ont payé ce qu'il
avoit laissé pour ce faire & ont
donné charge à mon fils l'aisné de
prendre garde que sa volonté fust
effectuée de luy aux siens. Il fit faire
une tombe pour les pauvres prestres
dans la chapelle. Durant sa vie,
toutes les bonnes festes, il preschoit & confirmoit, outre les autres
prédications qu'il faisoit en ses visites aux confréries de Pénitents,

jusqu'à faire la doctrine chrestienne pour mieux l'authorizer. Il avoit dressé une confrérie pour la Conférence de tous les cas de conscience, & tous les jeudis il y avoit assemblée à l'archevesché, luy estant toujours le premier en teste ; & il falloit que tous les curés & ceux ayant charge d'âmes se trouvassent là.

De trois en trois ans, il visitoit tout son diocèse, y faisant faire tout ce qui estoit de besoin & luy fournissant le premier. Tous les quatre-temps il ne failloit à donner les Ordres. Le jour avant son décez, il prit le Saint-Sacrement ; dès aussitost qu'il entendit la cloche, il se fit porter hors du lit, mettant les genoux en terre ; & adorant le Sei-

gneur le receut avec grande humilité, faisant de belles & grandes
exortations à tous les assistans. Le
lendemain, il prit l'Extrême-Onc-
tion avec belle cognoissance &
grande dévotion.

Estant mo᾿t, on le porta à l'église
paroissiale de Salon. Les pauvres
gens, sans que l'on s'en prit garde,
luy arrachoient les cheveux de la
teste & tout le poil de la barbe
comme des reliques. Il fut em-
baumé, puis emporté à Arles dans
son carosse couvert de noir. Les
Pères Capucins luy allèrent au devant & l'ensevelirent dans leur couvent, en la chapelle Saint-Félix
que feu mon frère Richard avoit
fait faire, lequel estoit mort un an
auparavant en juin 1629.

Voilà sommairement tout le discours de la naissance, vie & mort de feus mes père & père, de mes frères, de ma sœur... De tous, il ne reste en vie que mon frère Antoine, advocat au Conseil privé dans Paris, lequel au 15 janvier 1631 a eu septante-un ans & a dix enfans, trois fils & sept filles, tous bien instruits, dont il n'y a que l'aisné de pourveu & qui est abbé, comme j'ay escrit cy dessus, & quelques filles religieuses. — De feu mon frère l'archevesque d'Ambrun, il n'y a que sa fille mariée à M. de Saint-Martin. — De feu mon frère le médecin du Roy, il y a un fils fort sage qui est maintenant au service du Roy, & deux sœurs, l'une mariée avec M. de Monceau de Paris.

La mère veufve est fort sage, fort
vertueuse, de la maison honorable
des Sanguin, dont il y a un évesque de Senlis, un premier maistre
d'hostel du Roy & d'autres en grand
honneur.

Mon fils Honoré estoit à Salon,
quand mon frère l'archevesque s'en
alloit mourir ; il courut la poste jusqu'en Piémont, pour le sieur de
Senlis, le frère duquel, comme j'ay
dit, est maistre d'hostel du Roy.
Mon neveu de Ferrières se trouva
en chemin avec mon fils, lorsqu'il
alloit servir son quartier. Ils portè-
rent la nouvelle au Roy auquel le
dit sieur Sanguin demanda le dit
archevesché. Le Roy dit : « *Il faut
y penser.* » Mgr l'évesque de Bazas
de la très-noble & illustre maison

de Barreau en Gascogne, personage de grande piété, vertu & doctrine [1], & qui a fait de très-beaux
livres pour le soutien de la foy catholique contre les erreurs calvi-
nistes, a eu ledit archevesché. Dieu
nous le conserve !

Descrire au long toutes les par-
ticularités de la vie & déportemens [2]
de feus mes père & mère, de tous
mes frères & sœurs, seroit trop
long & ennuyeux. Mais j'ay escrit
ce discours le plus briefvement
qu'il m'a esté possible, afin que
mes enfans & ceux qui despen-

1. Le manuscrit ajoute entre deux parenthè-
ses : « Le père duquel estoit ambassadeur en
Espagne pour le Roy comme M. le comte de
Barreau son frère l'est aujourd'hui. »
2. Terme qui se prenait alors en bonne part.

dent de moy voyent comme mes devanciers ont vescu, & qu'en bien vivant Dieu assiste tous-jours les parens. Les moyens, la noblesse n'ont pas élevé nostre famille, mais ç'a esté la vertu jointe à la grâce divine.

Donc, j'exorte tous ceux qui m'apartiennent de bien vivre en l'amour & crainte de Dieu, & en toute bonne vertu. Moyennant ce, nous avons assez, comme vous voyez par ce discours. Je m'estime plus qu'heureuse d'estre sortie de cette race & suis plus contente de ce bonheur que si j'avois mil escus de rente. Aussi je désire & prie Dieu de bon cœur que tous ceux qui despendent de moy vivent si contens que moy en cet endroit.

Quand je parle avec quelques sortes de gens & leur raconte ce discours cy escrit, ils me disent : « *C'estoit un temps bien autre & meilleur que le présent.* » Mais je responds : « *Tout temps a son bon pour vivre bien & vertueusement. Dieu est aussi puissant que pour lors, moyennant que nous taschions de nous rendre dignes de ses grâces & que nous ne soyons pas ingrats. La fin couronne l'œuvre, comme vous avez veu.* » Dieu soit loué! lequel je supplie nous faire à tous miséricorde. *Amen.*

Fait ce 1er juillet 1631.

APPENDICE

Nous croyons utile de grouper ici dans un tableau sommaire les divers membres de la famille, objets de la monographie qu'on vient de lire. Ce tableau n'a pas pour but de tracer une généalogie, encore moins de rappeler des dates de naissance & de mort. Il est seulement destiné à offrir les fruits d'une éducation à laquelle président la foi chrétienne, les mœurs, l'esprit de travail & les exemples paternels.

LOUIS DU LAURENS. — Médecin à Tarascon, puis à Arles, épouse en 1553 Louise de Castellan.

Ses huit fils survivants sont :

HONORÉ DU LAURENS. — Docteur en droit, d'abord premier avocat général au Parlement de Provence, puis archevêque d'Embrun.

CHARLES DU LAURENS. — Docteur en médecine, médecin à Arles.

JULIEN DU LAURENS. — Docteur en théologie, chanoine & premier théologal
à Saint-Trophime d'Arles.

ANDRÉ DU LAURENS. — Docteur en médecine, professeur à la Faculté de Montpellier, devenu plus tard premier
médecin du roi Henri IV.

ANTOINE DU LAURENS. — Docteur en droit,
avocat au Conseil privé.

RICHARD DU LAURENS. — Docteur en médecine, médecin à Lyon, puis à Arles.

GASPARD DU LAURENS. — Docteur en droit,
d'abord abbé de Sénanque, puis archevêque d'Arles.

JEAN DU LAURENS. — Trois fois provincial
de l'ordre des Capucins.

FIN

PARIS. — J. CLAYE, IMPRIMEUR, RUE SAINT-BENOIT, 7.

EXTRAIT
DU CATALOGUE
DE
JOSEPH ALBANEL, LIBRAIRE
15, RUE DE TOURNON

LES ASTRES, ou Notions d'astronomie à l'usage de tous, par J. Rambosson, rédacteur de la Revue scientifique de la *Gazette de France*, auteur de la *Science populaire*, ouvrage qui vient d'être couronné. 1 joli volume in-12 Charpentier, orné de nombreuses gravures sur bois. Net.... 1 25
Par la poste.................. 1 50

LES ATELIERS DE PARIS, par Pierre Lelièvre, dit Parisien, ouvrier menui-

*

sier. Deuxième édition, revue & corrigée.
1 vol. in-12 Charpentier. Net.....   1   »
Par la poste 1 25

DISCOU&... DEUX) PRONONCÉS AU CONGRÈS DE MALINES, 1864, par le R. P. FÉLIX, de la Compagnie de Jésus. Br. in-8. Net..................   » 25
Par la poste ....   » 35

L'ÉCONOMIE SOCIALE DEVANT LE CHRISTIANISME (Conférences de Notre-Dame de 1866), par le R. P. FÉLIX, de la Compagnie de Jésus. *Édition populaire.* 1 vol. in-12 Charpentier. Net.....   1   »
Par la poste 1 25

ÉLÉONORE D'AUTRICHE, REINE DE POLOGNE, par Mme la comtesse DE

CHARPIN-FEUGEROLLES, née Saint-Priest.
1 vol. in-12 Charpentier. Net..... » 80
Par la poste .... 1 »

L'ÉGLISE, LA RÉFORME, LA PHILOSOPHIE & LE SOCIALISME, au point de vue de la civilisation moderne, par EUGÈNE MAHON DE MONAGHAN. *Troisième édition*, revue, corrigée, augmentée & précédée de deux brefs du Saint-Père à l'auteur. 1 vol. in-12 Charpentier. Net. 1 25

TABLE DES MATIÈRES.

HISTOIRE DE SAINTE RADEGONDE, reine, & de la cour de Neustrie, sous les rois Clotaire Ier & Chilpéric, par M. le vicomte Th. DE BUSSIÈRE. Deuxième édition. 1 vol. in-12 Charpentier. Net. 1 »
Par la poste.................... 1 25

JÉSUS - CHRIST ET LA CRITIQUE NOUVELLE (Conférences de Notre-Dame, 1864), par le R. P. FÉLIX, de la Compagnie de Jésus. TROISIÈME ÉDITION POPULAIRE. 1 v. in-12 Charpentier. Net. 1 »
Par la poste 1 25

LES LINGOTS D'ARGENT, par MENDOZA DE VIVÈS, traduit de l'*espagnol* par J. TURCK. 1 volume in-12 Charpentier. Net........................... » 80
Par la poste...................... 1 »

MARIE D'AGREDA (SOEUR) **ET PHI-
LIPPE IV**, roi d'Espagne. *Correspondance
inédite traduite de l'espagnol*, d'après un
manuscrit de la Bibliothèque impériale, avec
une introduction & des développements his-
toriques, par GERMOND DE LAVIGNE. 1 vol.
in-12 Charpentier. Net.......... » 90
Par la poste 1 10

LA PAROLE ET LE LIVRE. Discours
prononcé dans l'église Saint-Sulpice, le
23 avril 1865, pour l'œuvre de Saint-
Michel, par le R. P. FÉLIX, de la Compagnie de Jésus. Joli vol. in-18. Net. » 25
Par la poste .... » 35

LE RAMEUR DE GALÈRES (Épisode
de la vie de saint Vincent de Paul), par
RAOUL DE NAVERY. 1 vol. in-12 Charpentier. Net..................... 1 25
Par la poste 1 50

RIEN N'EST PARFAIT ICI - BAS, suivi de *la Nuit de Noël*, par FERNAN CABALLERO, traduction par MARIE RECURT. 1 vol. in-12 Charpentier. Net..... 1 20
Par la poste.................... 1 40

SOUVENIRS RELIGIEUX ET MILITAIRES DE LA CRIMÉE, par le R. P. DE DAMAS, de la Compagnie de Jésus, aumônier supérieur de l'*Armée d'Orient*. Deuxième édition. 1 vol. in-12 Charpentier. Net........................ 1 »
Par la poste 1 25

LA CHANSON DE ROLAND, précédée d'une *Introduction* par M. le baron ADOLPHE D'AVRIL. 1 vol. in-12 Charpentier. 1 »
Par la poste 1 25

GINEVRA ou LE MANOIR DE GRANTLEY, par lady FULLERTON, traduit de

l'anglais par Léontine ROUSSEAU. 1 vol.
in-12 Charpentier............... 1 25
Par la poste 1 50

LA MARQUISE DE THÉRANGES, par
Mme la comtesse OLYMPE DE LERNAY.
2 vol. in-12 Charpentier 2 50
Par la poste .... 3 »

MADEMOISELLE DE FOIX ET SA
CORRESPONDANCE, par M. DE PONT-
CHEVRON. 1 vol. in-12 Charpentier. 1 »
Par la poste 1 25

PARIS. — J. CLAYE, IMPRIMEUR, RUE SAINT-BENOIT, 7.

www.ingramcontent.com/pod-product-compliance
Lightning Source LLC
Chambersburg PA
CBHW071804090426
42737CB00012B/1949

* 9 7 8 2 0 1 9 5 6 7 2 9 3 *